2016年版

中検準1級・1級
試験問題

[第86・87・88回]
解答と解説

一般財団法人
日本中国語検定協会 編

白帝社

まえがき

　私たちの協会はこれまで各回の試験が終わるごとに級別に試験問題の「解答解説」を発行し，また年度ごとに３回の試験問題と解答解説を合訂した「年度版」を公表してきました。これらは検定試験受験者だけでなく，広く中国語学習者や中国語教育に携わる先生方からも，大きな歓迎を受けてきましたが，ただ主として予約による直接購入制であったため，入手しにくいので一般の書店でも購入できるようにしてほしいという声が多く受験者や学習者から寄せられていました。

　その要望に応えるため，各回版と年度版のうち，「年度版」の発行を2013年度実施分より中国語テキストや参考書の発行に長い歴史と実績を有する白帝社に委ねることにしました。「各回版」の方は速報性が求められ，試験終了後直ちに発行しなければならないという制約を有するため，なお当面はこれまでどおり協会が発行し，直接取り扱うこととします。

　本書の内容は，回ごとに出題委員会が作成する解答と解説に準じていますが，各回版刊行後に気づいた不備や，回ごとの解説の粗密や記述体裁の不統一を調整するとともに，問題ごとに出題のねらいや正解を導くための手順を詳しく示すなど，より学習しやすいものになるよう配慮しました。

　本書を丹念に読むことによって，自らの中国語学習における不十分なところを発見し，新しい学習方向を定めるのに役立つものと信じています。中国語学習者のみなさんが，受験準備のためだけでなく，自らの学力を確認するための目安として本書を有効に活用し，学習効果の向上を図られることを願っています。

2016年5月

一般財団法人　日本中国検定協会

本書について

　本書は，日本中国語検定協会が 2015 年度に実施した第 86 回（2015 年 6 月），第 87 回（2015 年 11 月），第 88 回（2016 年 3 月）中国語検定試験の問題とそれに対する解答と解説を実施回ごとに分けて収め，リスニング問題の音声を付属 CD-ROM に収録したものです。

問　題

- 試験会場で配布される状態のものに，付属 CD-ROM にある音声のトラック番号を ⓪③ のように加えています。ただし，会場での受験上の注意を収録したトラック 01，02，48 は記していません。

解答と解説

- 問題の最初に，出題の形式や狙いと細かい配点を示しています。
- 4 択式の解答は白抜き数字❶❷❸❹で，記述式の解答は太字で示しています。解説は問題ごとに　　内に示しています。
- 長文問題の右側の数字は，5 行ごとの行数を示しています。
- 比較的難読と思われる語句にピンインをつけています。表記は原則として《現代汉语词典　第 6 版》に従い，一般的に軽声で読まれるものは軽声で示しています。"不" "一" の声調は変調したものを示しています。
- 理解の助けとなるよう，語釈を加えています。
- 全体に日本語訳をつけています。
- 解答の選択肢となっている語句に語釈をつけています。品詞や意味が複数ある場合は，解答となりうる可能性が比較的高いものを選んで記しています。
- 品詞，術語の略称は次のとおりです。

名	名詞	動	動詞	形	形容詞
代	代詞	量	量詞（助数詞）	助動	助動詞
副	副詞	介	介詞（前置詞）	接	接続詞
助	助詞				

iv

成　成語　　　　慣　慣用句　　　　諺　ことわざ

・音声のトラック番号は，④のように示し，繰り返しのものを割愛しています。

解答用紙見本

・巻末にマークシート式の解答用紙の見本（一部。70％縮小）があります。記入欄を間違えないように，解答欄の並び方を確認しましょう。

付属 CD-ROM

・リスニング問題の音声が収録されています。会場での受験上の注意を収めたトラック 01，02，48 も収録されていますが，本書の「問題」部分にはトラック番号を記していません。
・音声は MP3 形式で収録しており，パソコンで再生します。
・デジタルオーディオプレーヤーやスマートフォンに転送して再生することもできます。各機器とソフトに関する技術的なご質問は，各メーカーにお願いいたします。
・CD プレーヤー（MP3 形式に対応するものを含む）をご利用の場合は，CD に収録したものにお取り替えしますので，付属 CD-ROM を下記までお送りください。折り返し CD をお送りします。

　〒171-0014　東京都豊島区池袋 2-65-1
　白帝社　中検 CD 交換係

目　次

準1級

第 86 回（2015 年 6 月）
問　題
- リスニング……………………………………………… 2
- 筆　記…………………………………………………… 5

解答と解説
- リスニング……………………………………………… 12
- 筆　記…………………………………………………… 24

第 87 回（2015 年 11 月）
問　題
- リスニング……………………………………………… 42
- 筆　記…………………………………………………… 45

解答と解説
- リスニング……………………………………………… 52
- 筆　記…………………………………………………… 63

第 88 回（2016 年 3 月）
問　題
- リスニング……………………………………………… 82
- 筆　記…………………………………………………… 85

解答と解説
- リスニング……………………………………………… 92
- 筆　記…………………………………………………… 103

1 級

第 87 回（2015 年 11 月）
問　題
- リスニング……………………………………………… 120
- 筆　記…………………………………………………… 123

解答と解説
- リスニング……………………………………………… 130
- 筆　記…………………………………………………… 141

中国語検定試験について……………………………………… 158
試験結果データ………………………………………………… 162

解答用紙見本

準1級第86回
(2015年6月)

問　題
リスニング ･･････････････････････････ 2
筆　記 ･･････････････････････････････ 5
　解答時間：計 120 分
　配点：リスニング 100 点，筆記 100 点

解答と解説
リスニング ･･････････････････････････ 12
筆　記 ･･････････････････････････････ 24

リスニング （⇨解答と解説12頁）

1 中国語を聞き，(1)〜(10)の問いの答えとして最も適当なものを，それぞれ①〜④の中から１つ選び，その番号を解答欄にマークしなさい。　　　　　　（50点）

メモ欄

(1) ① ② ③ ④

(2) ① ② ③ ④

(3) ① ② ③ ④

(4) ① ② ③ ④

(5) ① ② ③ ④

2

メモ欄

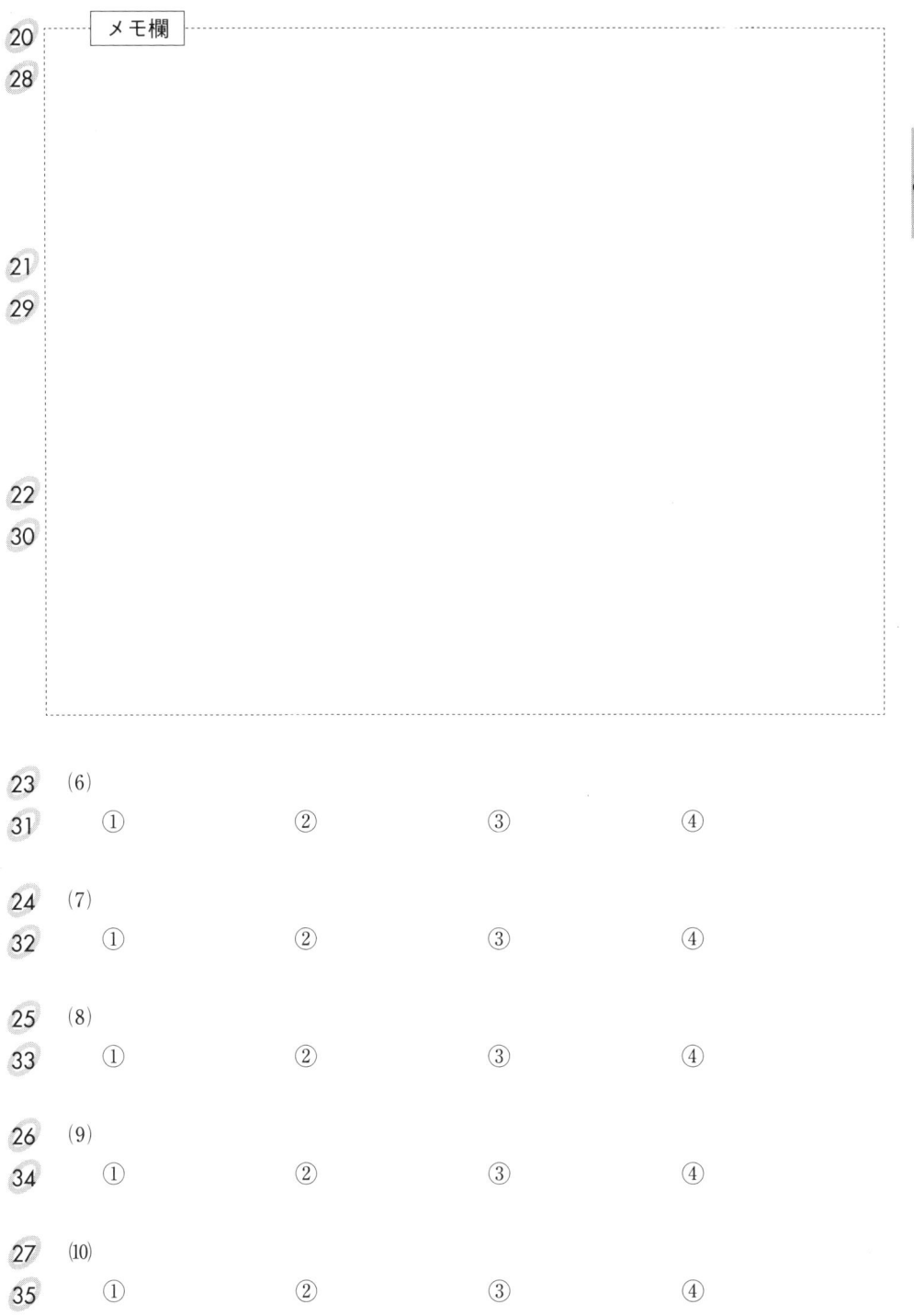

準1級 第86回 問題 〔リスニング〕

(6) ① ② ③ ④

(7) ① ② ③ ④

(8) ① ② ③ ④

(9) ① ② ③ ④

(10) ① ② ③ ④

③⑥ ② はじめに中国語の文章を読みます。続いて文章の中から5か所を選んで読みますので、その5か所を漢字で解答欄に書きなさい。　　　　　　　　　　（50点）

メモ欄

筆　記　（⇨解答と解説24頁）

1　次の文章を読み，(1)～(10)の問いの答えとして最も適当なものを，それぞれ①～④の中から１つ選び，その番号を解答欄にマークしなさい。　　　　　　　　(20点)

　　黄昏，居民楼下　(1)　聚集了不少老人，一边摇着扇子纳凉，一边聊天儿，十分热闹。

　　老人都是这里的住户。这是个30多年前建的老小区，根据国家建筑标准，7层楼房以上才能安装电梯，这个小区都是6层楼房，没有电梯。现在小区居民的年纪都大了，以前还经常能看到住在楼上的老人手里拎着小椅子下楼。椅子除了来到楼下后坐坐，主要功能还是上楼回家时用，爬一层楼，放下椅子，坐一会儿，喘口气，养足了劲，再爬一层。后来有的住在楼上的老人嫌费事，　(2)　就不下楼了。

　　一天，我发现3楼的转角处放了一把椅子，　(3)　是谁忘记拿回家了，但很多天过去了，椅子一直在，显然是谁特地放那儿的。上下楼的老人，爬楼梯累了，走到3楼转角处，正好在椅子上坐一坐，　(4)　。椅子成了上下楼老人的中转站，下楼的老人慢慢多起来了。不久，5楼、4楼、2楼的转角处也都放了一把椅子。有的是木椅，有的是竹椅，2楼放的　(5)　是一张小沙发。没有人知道是谁放的，也许是哪位住在楼上的老人，也可能是某个家有老人的年轻后生。转角处的这几把旧椅子，给上下楼的老人带来了很大的方便，　(6)　是住在最高层6楼的老人，现在　(6)　敢下楼来了。

　　然而，问题也随之而来了。老楼房的楼梯本来就窄，又放了把椅子，上下楼就有点碍手碍脚，特别是搬动大家具的时候。住在4楼的中年男人想出了一个办法，他弄来一把可以折叠收起的椅子，然后，在3楼拐角处的墙壁上钻了几个眼，把折叠椅安装了上去。需要坐的时候，把椅子放平，贴墙而坐，不需要的时候，就把椅子再靠墙折叠起来，一点不碍事。有位做生意的居民　(7)　地拿出了一　(8)　钱，把各楼层的椅子都换上了折叠椅。

　　老人们开心极了，上下楼再也不那么艰难了。可以每天下楼，和老伙伴们见见面，聊聊天，他们甚至可以邀请以前的老朋友，上自己的家里做客了。他们在

发出邀请的时候，也不会忘记(9)叮嘱老朋友一声，每层楼梯转角处都有一把折叠椅，可以坐下来喘口气。

　　这幢老式居民楼转角处的椅子，成为一道亮丽的风景，让附近居民楼里的老人们羡慕不已。现在地方政府已经拨出专款，要在所有老居民楼里推广。

　　有时候，爱就这么简单，转角处的一把椅子，让我们感受到无比的温暖。

(1) 空欄(1)を埋めるのに適当なものは，次のどれか。
　① 磨磨蹭蹭　　② 陆陆续续　　③ 躲躲闪闪　　④ 唠唠叨叨

(2) 空欄(2)を埋めるのに適当なものは，次のどれか。
　① 简直　　　　② 果然　　　　③ 干脆　　　　④ 总归

(3) 空欄(3)を埋めるのに適当なものは，次のどれか。
　① 以为　　　　② 推托　　　　③ 推算　　　　④ 认为

(4) 空欄(4)を埋めるのに適当なものは，次のどれか。
　① 歇歇脚　　　② 遛遛弯　　　③ 唠唠嗑　　　④ 透透气

(5) 空欄(5)を埋めるのに適当なものは，次のどれか。
　① 索性　　　　② 起码　　　　③ 果然　　　　④ 竟然

(6) 2か所の空欄(6)を埋めるのに適当なものは，次のどれか。
　① 不管…也…　② 纵使…也…　③ 既然…就…　④ 除非…才…

(7) 空欄(7)を埋めるのに適当なものは，次のどれか。
　① 自不量力　　② 自顾不暇　　③ 自高自大　　④ 自告奋勇

(8) 空欄(8)を埋めるのに適当なものは，次のどれか。
　① 束　　　　　② 套　　　　　③ 笔　　　　　④ 款

(9) 下線部(9)の正しいピンイン表記は，次のどれか。
　① dīngshǔ　　② dīngzhǔ　　③ tīngshǔ　　④ tīngzhǔ

⑽ 本文の内容と**一致しないもの**は，次のどれか。
① 改放折叠椅是因为老居民楼的楼梯狭窄。
② 老人们要求在楼梯转角处放上小沙发。
③ 该居民楼没安装电梯符合当时的国家规定。
④ 现在老人上下楼不用再自己带小椅子了。

2 (1)～(10)の中国語の空欄を埋めるのに最も適当なものを，それぞれ①～④の中から1つ選び，その番号を解答欄にマークしなさい。　　　　(20点)

(1) 他戴的那块瑞士手表价格非常（　　　）。
① 高贵　　② 昂贵　　③ 显贵　　④ 珍贵

(2) 有关部门调查了几个月，事故原因仍是一（　　　）迷雾。
① 团　　② 场　　③ 股　　④ 阵

(3) 圣诞节临近，商家用尽各种（　　　）来促销商品。
① 架势　　② 尺码　　③ 招数　　④ 戏法

(4) 听了老师的解释，她知道自己（　　　）孩子了。
① 错过　　② 错怪　　③ 奇怪　　④ 难过

(5) 她拿的那个名牌包做工（　　　），一看就是假冒商品。
① 粗犷　　② 粗糙　　③ 粗莽　　④ 粗野

(6) 他俩不知什么时候变成了（　　　），一见面就吵得天翻地覆。
① 死对头　　② 吝啬鬼　　③ 丧门星　　④ 地头蛇

(7) 总经理突然辞职，公司里一下子就（　　　）了。
① 胡闹　　② 昏庸　　③ 浑水　　④ 乱套

(8) 父母（　　　）承诺，给考上大学的儿子买了新电脑。
　① 兑奖　　　　② 抵换　　　　③ 抵押　　　　④ 兑现

(9) 原油价格持续下跌，有些石油输出国快要（　　　）了。
　① 抵不过　　　② 扶不起　　　③ 挺不住　　　④ 搞不掉

(10) 竟敢在国画大师面前高谈国画，你这不是（　　　）吗？
　① 班门弄斧　　② 毛遂自荐　　③ 叶公好龙　　④ 愚公移山

3　(1)～(8)の中国語の下線を付した語句の説明として最も適当なものを，それぞれ①～④の中から１つ選び，その番号を解答欄にマークしなさい。　　　(16点)

(1) 我们在海南岛相遇，一见如故，结为了生死不渝的朋友。
　① 表示一辈子只见到一次就死去的人。
　② 表示初次见面就像老朋友一样。
　③ 表示一见面就产生了男女间的爱情。
　④ 表示见到了多年不见的好朋友。

(2) 你这样的性格不改一改的话，迟早要栽跟头的。
　① 比喻失败或受挫折。
　② 比喻上当或被陷害。
　③ 比喻迷路或被误导。
　④ 比喻受伤或被攻击。

(3) 她是一个极爱凑热闹的人，哪一次都少不了她。
　① 跟别人大吵大闹一场。
　② 让热闹的气氛冷清下来。
　③ 让冷清的气氛热闹起来。
　④ 参与到热闹的场合中去。

(4) 这种事情可不是开玩笑的，搞不好要吃官司的。
　　① 表示被追究法律责任。
　　② 表示请政府官员吃饭。
　　③ 表示被政府官员批评。
　　④ 表示请人帮助调解矛盾。

(5) 在紧要关头，说时迟，那时快，他一个箭步冲了上去。
　　① 表示事情发生的速度非常快。
　　② 表示事情或早或晚一定会发生。
　　③ 表示说完话后马上付诸行动。
　　④ 表示事前预测到危险会发生。

(6) 我昨天根本没有去，她却说见到了我，这不是睁眼说瞎话吗？
　　① 比喻光线黑暗看不清楚说话的人。
　　② 比喻没看清楚就草率地做出判断。
　　③ 比喻明知事实真相却故意说谎话。
　　④ 比喻不了解事实真相就发表意见。

(7) 咱们是老朋友，你就没必要跟我兜圈子了。
　　① 比喻做事讲原则，不照顾人情。
　　② 比喻做事左右摇摆，犹豫不定。
　　③ 比喻说话拐弯抹角，不照直说。
　　④ 比喻说话直截了当，毫不客气。

(8) 他是"无事不登三宝殿"，今天来肯定有原因。
　　① 比喻没事时也专程拜访。
　　② 比喻没事不登门拜访。
　　③ 比喻四处拜佛祈求平安。
　　④ 比喻三番五次请人帮忙。

4. 次の文章を読み，ピンインで表記されている語句(ア)・(イ)を漢字に改め，解答欄(1)に書きなさい。また，下線部(a)～(c)を日本語に訳し，解答欄(2)に書きなさい。

(24点)

每天放学，女儿总是在她学校大门前的书店里边看书边等我去接她。这天，书店临时关门。放学后，女儿没地方可去，又担心我接不着她，便到我必经的路口去等我。

天气很冷，下着小雨。女儿光着头一动不动地站在雨中等着我的出现。等我看到她时，她已经全身湿透了。(a)本想责怪她怎么不避避雨，但看她被淋得像只落汤鸡，就什么也说不出来了。女儿毕竟只有七岁，我能想象得出那一刻她内心的焦急，一是担心我接不着她，二是怕街头来来往往的人群挡住视线，望不着我。何况女儿看到我的时候，不仅没有(ア)mányuàn这恼人的雨，反而喜出望外地扑向我，一个劲地喊着："妈妈！妈妈！我在这儿呢。"女儿那兴奋的样子，使我想到自己多年未淋过一场雨，以致忘却了淋雨后的痛快感觉。

雨，曾经给了我许多美好记忆。

儿时的雨，来不及想象，来不及(イ)duǒbì，说来就来了。放学时，我们经常护抱着书包拼命往家赶，夹着嘻嘻哈哈的追闹声，全然没觉得一场雨会给人的心情带来忧愁。回到家，母亲一个劲地拉长她的衣角在我头上擦了又擦，既不怨天也不责怪我们，眼里只有自责与心疼，因为那时家里根本就没有一把像样的伞。(b)当母亲触摸到我的头时，我顿感心里暖暖的，恨不得多淋几次这样的雨。

还有些雨，不大不小，反正知道它要来了，左邻右舍都手忙脚乱地一起来帮忙。谁家晒在外面的稻谷麦粒，谁家的棉被衣物，都是一定要赶在雨前抢收完毕的。一阵紧张的忙乱之后，大雨来了。粮食、衣物一点儿也未被雨淋，大家你看着我，我看着你，那一刻，有满足、胜利、幸福的笑容写在脸上。

那个时候的雨好像会和很多人、很多事、很多感情牵连在一起的。

时过多年，(c)不惑之年的我对雨的感受愈发迟钝了，甚至时常根本不愿意看到一场雨的到来。每天都要看天气预报，提前添衣带伞。即使下多大的雨，也与我的情感一点儿关系都没有。

我甚至开始怀疑自己，是否还有勇气，像七岁的女儿一样站在大街上去淋一场属于自己心中的雨？

5 (1)・(2)の日本語を中国語に訳し，解答欄に書きなさい。　　　　　　　(20点)

(1) 近年，寿司店を中心とした日本料理店が世界各地で急増している。美味しさだけではなく，ヘルシーであることも日本料理が人気を集める大きな理由の一つと思われる。

(2) 彼が中国に留学した時は，すでに30歳を過ぎていて，ゼロから外国語を学ぶには決して若くはなかった。早く中国語の力をつけるため，手振りを交えながら道行く人に声をかけ，タクシーの運転手と長時間にわたり激論を交わしたこともあった。

リスニング （⇨問題2頁）

1 600字程度の2つの文章を聞き，内容についての問い5問ずつに答えます。ポイントとなる内容を聞き取り，全体の趣旨をつかむ能力を問います。(各5点)

解答：(1)❸　(2)❹　(3)❷　(4)❶　(5)❸　(6)❹　(7)❷　(8)❶　(9)❷　(10)❸

(1)〜(5)の中国語

04　有人说，人老了以后，只记得年轻时候的事，而眼前发生的事会随时忘掉。的确，我现在就经常忘事儿，总是丢三落四(diūsān-làsì)的，有时连自己常用的东西都会忘记放哪儿了。但我也发现，有些事虽然发生在近期，我却牢记不忘。

　　昨天，老伴儿告诉我孩子们正准备给我过70岁生日，说是要好好儿庆贺一下。我说："我不想过，过一个生日，就又老一岁，有什么好庆贺的？"话虽这么说，但想到孩子们每年都给我买一大堆生日礼物，又是吃的，又是穿的，又是用的，说实话，我心里头感到热乎乎的。

05　我清楚地记得，前年，儿子和媳妇送给我一台老人走步机，说："您可以在家里边看电视边散步，咱不求别的，就求有个健康的身体。"去年他们又送我一个笔记本电脑，还教我上网、开设博客，这给我的生活增添了很多乐趣。女儿和女婿也十分惦记我的身体，前年送来了一个带按摩功能的足浴盆，说："人老先老腿，保养好一双脚比什么都强。"去年他们送的是微电脑控制的全自动豆浆机。今年春节前，儿子和女儿还一起出钱让我和老伴儿到海南岛旅游了一趟。

　　我算了一下，我们老两口过生日，加上逢年过节，孩子们为我们花的钱有七八万。我说"你们钱花得不少了，不要再买这买那了"。可孩子却反问我说："这些您记得这么清楚！可您怎么记不清这些年花在我们身上的钱有多少呢？我们买房子的第一期付款和孙子教育方面的支出等等，算起来可好几十万啊！"

06　说老实话，要不是他们提起，我根本就不记得这些了。孩子还说："钱可以数清楚，情感又该如何计算呢？您二老为儿孙们的付出，我们点点滴滴都记着呢。"

　　我突然觉得，记忆与年龄关系不大，而与情感紧密相连。人老了，记忆

力衰退了，但情感在一定程度上能够弥补(míbǔ)记忆力的衰退(shuāituì)。儿孙们的记忆更是老人记忆的延续。所谓代代传承，说的不就是这种延续吗？

丢三落四：|成|あれこれ無くしたり忘れたりする

近期：|名|最近

好：6行目"好庆贺"の"好"は「|動|…すべきだ。…してよい」

走步机：|名|ルームウォーカー。ウォーキングマシン

您可以…：この場合「…したらどうですか」と勧める意味

老两口：|名|老夫婦

加上：|接|さらに

第一期付款：頭金

可：19行目"可好几十万啊"の"可"は強調を表す副詞

二老：|名|高齢の両親

儿孙：|名|子や孫。子孫

付出：|動|払う。ここでは名詞として用いられている

点点滴滴："点滴"は「|名|細々とした小さい事」

弥补：|動|不足を補う

衰退：|動|衰退する。ここでは名詞として用いられている

延续：|動|同様の状態が続く。ここでは名詞として用いられている

訳：人は年を取ると，若いときの事しか覚えていず，最近起きた事はすぐに忘れてしまうそうだ。確かに，私は今よく物忘れをし，いつもあれこれ無くしたり忘れたりし，ときには自分がよく使う物すらどこに置いたか忘れてしまう。しかし私はいくつかの事は最近起きたが，よく覚えていて忘れていないということに気がついた。

　昨日，連れ合いが私に子供たちが私のために70歳の誕生日を盛大に祝ってくれる準備をしていると教えてくれた。私は「私は祝ってほしくない。誕生祝いをすると，また1歳年をとってしまう。何がめでたいものか。」と言った。そうは言うものの，子供たちが毎年私のために買ってくれるたくさんの誕生日プレゼントは，食べ物あり，着る物あり，使う物ありで，それを思うと，実を言えば，私は気持ちがとても暖かくなるのだ。

　一昨年，息子と（息子の）嫁は私に高齢者用ルームウォーカーをプレゼントしてくれ，「お父さんは家でテレビを見ながら散歩したらどうですか。私たちは他の事はどうでもいいけれど，ただ健康な体だけが必要なのです。」と言ったことを私ははっきりと覚えている。去年彼らはまた私にノートパソコンをプレゼントしてくれ，私にネットのやり方，ブログの開設の仕方も教えてくれて，

私の生活に多くの楽しみを増やしてくれた。娘と娘婿も私の体をとても気遣ってくれて，一昨年はマッサージ機能の付いたフットバスをプレゼントしてくれ，「人間は足から衰えるものです。足の健康を保つことが何より大事です。」と言った。去年彼らがプレゼントしてくれたのはマイクロコンピューターがコントロールする全自動豆乳メーカーであった。今年の春節前には，息子と娘は一緒にお金を出して私と連れ合いを海南島へ旅行に行かせてくれた。

計算してみると，私たち老夫婦の誕生日の祝いや正月や節句に子供たちが使ったお金は7，8万元になる。私は「お前たちはお金をたくさん使った。もうあれこれ買わなくてもいいよ。」と言った。しかし子供は逆に私に「お父さんはよく覚えていますね。でも，お父さんはどうしてこの数年私たちのために使ったお金がいくらか覚えていないんでしょう？私たちが家を買ったときの頭金，孫の教育費など，計算すると何十万ですよ。」と言った。

実を言うと，彼らが持ち出さなければ，私はこれらの事をすっかり忘れてしまっていた。子供はまた「お金はちゃんと数えることができるけれど，気持ちはどう計算すればいいのですか（，計算することはできませんよ）。お父さんとお母さんが子供や孫のためにしてくれたことを，私たちはどれもこれもみな覚えていますよ。」と言った。

私はふと思ったが，記憶は年齢とあまり関係なく，気持ちと緊密につながっているのだ。人は老いると，記憶力は衰える。しかし感情というものはある程度記憶力の衰えを補うことができる。子供や孫たちの記憶は年寄りの記憶の継続である。「代々受け継がれる」ということは，すなわちこのように継続されていくことを言うのではないだろうか。

07 (1) 問：我为什么不想过生日？（私はなぜ誕生日を祝ってほしくないのか。）
　　答：① 我担心会影响孩子们的工作。
　　　　　（子供たちの仕事に影響するのではないかと心配するから。）
　　　　② 觉得自己连常用的东西都丢三落四。
　　　　　（自分でよく使う物すら忘れてしまうと思うから。）
　　　　❸ 我觉得老人过生日会越来越老。
　　　　　（年寄りは誕生日を祝うとますます年をとると思うから。）
　　　　④ 觉得以前收到的生日礼物太少了。
　　　　　（前にもらった誕生日プレゼントが少なすぎると思うから。）

　　　6行目 "我不想过，过一个生日，就又老一岁，有什么好庆贺的？"（私は祝ってほしくない。誕生祝いをすると，また1歳年をとってしまう。何が

14

めでたいものか）から，③を選びます。

08 (2) 問：女儿和女婿去年送给我的生日礼物是什么？
（娘と娘婿が去年私にくれた誕生日プレゼントは何か。）
答：① 带按摩功能的足浴盆。（マッサージ機能のついたフットバス。）
② 老人走步机。（高齢者用ルームウォーカー。）
③ 笔记本电脑。（ノートパソコン。）
❹ 全自动豆浆机。（全自動豆乳製造器。）

　　12行目"女儿和女婿也十分惦记我的身体…去年他们送的是微电脑控制的全自动豆浆机"（娘と娘婿も私の体をとても気遣ってくれて…去年彼らがプレゼントしてくれたのはマイクロコンピューターがコントロールする全自動豆乳メーカーであった）から，④を選びます。

09 (3) 問：文章中的"人老先老腿"这句俗语是什么意思？
（文中の「人間は足から衰えるもの」ということわざはどういう意味か。）
答：① 表示人的头脑先衰老，然后腿脚才会衰老。
（人間の頭脳が先に衰え，その後に脚力が衰えることを表す。）
❷ 表示人的衰老一般都首先反映在腿脚上。
（人間の老化はふつうまず脚力に表れることを表す。）
③ 表示腿脚的灵便（língbian）程度跟年纪大小没关系。
（足取りの敏しょうさは年齢とは関係がないことを表す。）
④ 表示老人应该用足浴盆洗脚，以防止衰老。（年寄りは老化を防ぐためにフットバスで足を洗うべきであることを表す。）

①②③の"腿脚"は身体部位ではなく「名 脚力。足取り」。

10 (4) 問：孩子觉得我记不清的事是什么？
（子供は私が何をはっきり覚えていないと思っているのか。）
答：❶ 给孩子买房子支付的第一期付款和给孙子的教育费。
（子供が家を買ったときの頭金や孫の教育費を出したこと。）
② 春节前跟老伴儿一起去海南岛旅行。
（春節の前に連れ合いと一緒に海南島へ旅行に行ったこと。）
③ 儿子教给我怎么样上网、开设博客。
（息子が私にネットのやり方やブログの開設の仕方を教えてくれたこと。）

④ 孩子们这几年为我和老伴儿花了不少钱。（子供たちがこの数年私と連れ合いのためにたくさんのお金を使ったこと。）

> 18行目"您怎么记不清这些年花在我们身上的钱有多少呢？我们买房子的第一期付款和孙子教育方面的支出等等，算起来可好几十万啊！"（お父さんはこの数年私たちのために使ったお金がいくらか覚えていないんでしょう？私たちが家を買ったときの頭金，孫の教育費など，計算すると何十万ですよ）から，①を選びます。

(5) 問：与本文内容不相符的是以下哪一项？
（本文の内容に合わないものは，次のどれか。）
答：① 我觉得记忆跟人的感情有很大关系。
（私は記憶は人の気持ちと大きな関係があると思う。）
② 我的记忆力现在也已经有些衰退了。
（私の記憶力も現在すでに衰えている。）
❸ 我认为跟孩子的金钱往来应该算清楚。
（私は子供との金銭のやり取りははっきりすべきだと考える。）
④ 孩子们对父母为他们花的钱记得很清楚。
（子供たちは親が自分たちのために使ったお金をはっきり覚えている。）

> 21行目"要不是他们提起，我根本就不记得这些了"（彼らが持ち出さなければ，私はこれらの事をすっかり忘れてしまっていた）とあり，"这些"は19行目"我们买房子的第一期付款和孙子教育方面的支出等等，算起来可好几十万"（私たち〔子供たち〕が家を買ったときの頭金，孫の教育費など，計算すると何十万）を指します。子供のために様々にお金を使い，その合計額を覚えていないことから，③と合いません。この「問」の文はよく用いられるので，覚えておきましょう。"相符"か"不相符"かに注意が必要です。

(6)〜(10)の中国語

上个世纪八十年代，有一部名叫《排球女将》的日本电视剧在中国热播。当时是改革开放初期，电视机开始进入普通百姓家庭，国产电视剧刚刚起步，而外国电视剧更少，对中国的观众来说，日本电视剧非常新鲜。这是《排球女将》在中国引起强烈反响的客观原因。这部电视剧描写了日本的一个女子排球队为参加奥运会排球比赛而努力拼搏(pīnbó)的故事，女主人公小鹿纯

子在中国家喻户晓，她活泼可爱，聪明坚强，成为那一代中国人的青春偶像。

　　中国著名互联网公司阿里巴巴集团的创始人马云曾经在公开场合说过："我之所以能有今天的成绩，是因为心中有一股不服输的毅力，而这种毅力的源头就是电视剧《排球女将》。"马云是在两次高考失败而准备放弃上大学的时候看《排球女将》的，小鹿纯子的拼搏精神深深地感动了马云，改变了他的人生。小鹿纯子是马云心目中的青春偶像，这个名字代表了勇敢、坚强、不流泪。马云始终牢记电视剧中"永不放弃"这句台词，给人签名的时候也喜欢写这四个字。

　　马云事业成功后，多次访问日本。他曾经委托日本记者帮助寻找扮演小鹿纯子的女演员，想当面向她表示感谢。让他想不到的是竟然没有一个记者知道《排球女将》和小鹿纯子。这怎么可能呢？在中国家喻户晓的日本演员，居然在日本没有人知道她的名字。原来扮演小鹿纯子的女演员早已退出演艺界，再加上中文的电视剧名与日文原作的剧名意思相差太远，最关键的是女主角名字在原作中不叫"小鹿纯子"，而是叫"小鹿纯"。这些都给马云找小鹿纯子带来了困难。

　　后来，马云托人终于查找出女演员的名字，找到了扮演小鹿纯子的那位演员。马云还邀请那位演员来中国访问，并上电视台跟广大的中国观众见了面。

《排球女将》：『燃えろアタック』。日本で1979-1980年に放送されたスポーツ根性ドラマ。荒木由美子主演。直訳では，"女将"は「名女傑」，"排球女将"で「女子バレーボールのエース」

热播：動人気が出た番組を同時期に多くのテレビ局がゴールデンタイムに放送する

改革开放：1978年，鄧小平の指導体制下で始まった，国内においては経済・政治体制を改革し，国外に対しては市場を開放し，交流と協力を進める政策

拼搏：動全力で闘い，勝ち取る

家喻户晓：成だれもが知っている

阿里巴巴集团：アリババグループ。1999年，杭州で創立

马云：1964-。浙江省杭州市出身

股：[量]感情，におい，力などについて，多く"一股"のかたちで用いる

服输：[动]失敗を認める

訳：1980年代，『燃えろアタック』という日本のテレビドラマが中国の各テレビ局で放映された。当時は改革開放の初期であり，テレビが一般家庭に入り始め，国産テレビドラマが制作され始めたばかりで，外国のテレビドラマはさらに少なく，中国の視聴者にとって日本のテレビドラマがとても新鮮であった。それが『燃えろアタック』が中国で大きな反響を呼んだ客観的原因である。このテレビドラマは日本のある女子バレーボールチームがオリンピックのバレーボールの試合に出るために懸命に努力する物語である。ヒロインの小鹿純子は中国では誰でも知っていて，彼女は活発でかわいく，頭がよくて芯が強く，この世代の中国人の青春アイドルとなった。

中国の有名なネットカンパニーであるアリババグループの創始者である馬雲（ジャック・マー）はかつて公の場で「私が今日の業績を挙げることができたのは，心の中に負けないぞという強い気持ちがあったからで，この強い気持ちの源はほかでもないテレビドラマ『燃えろアタック』でした。」と話したことがある。馬雲は大学入試に2度失敗し，大学に行くことを諦めようとしていたときに『燃えろアタック』を見た。小鹿純子の奮闘精神は馬雲を深く感動させ，彼の人生を変えた。小鹿純子は馬雲の心の中の青春アイドルであり，その名前は勇気，芯が強いこと，涙を流さないことのシンボルであった。馬雲はドラマの中の「決して諦めない」というせりふをずっと覚えており，サインをするときもこの言葉を好んで書いている。

馬雲は事業が成功した後，何度も日本を訪れている。彼は日本の記者に小鹿純子を演じた女優を探してくれるように頼んだことがある。彼女にじかに感謝の気持ちを伝えたかったのだ。意外なことに『燃えろアタック』と小鹿純子を知っている記者はなんと一人もいなかった。こんなことがあり得ようか。中国では誰でも知っている日本の俳優なのに，なんと日本では彼女の名前を知っている人はいない。実は小鹿純子を演じた女優はとっくに芸能界を退いており，さらに中国語のドラマ名は日本語の原作のドラマ名とは意味が大きく違っていたのである。一番のポイントは，ヒロインの名前が原作では「小鹿純子」ではなく，「小鹿ジュン」であったことだ。こういったことが馬雲が小鹿純子を探す際に困難をもたらしたのである。

後に馬雲は人に頼んでついに女優の名前を探し出し，小鹿純子を演じた俳優を探し当てた。馬雲はその俳優を中国に招き，テレビに出演して，多くの中国の視聴者に会ってもらった。

23 (6) 問：《排球女将》在中国引起强烈反响的客观原因是什么？
   （『燃えろアタック』が中国で大きな反響を呼んだ客観的原因は何か。）
   答：① 那时候大多数中国家庭还买不起电视机。
   （そのころ大多数の中国の家庭はまだテレビが買えなかった。）
   ② 那时候市场上还没有中国国产的电视机。
   （そのころ市場にはまだ中国国産のテレビがなかった。）
   ③ 那时候中国国产电视剧正在迅速地发展。
   （そのころ中国国産のテレビドラマが急速に発展していた。）
   ❹ 那时候外国电视剧对中国人来说很新颖。
   （そのころ外国のテレビドラマは中国人にとってとても斬新であった。）

   3行目"这是《排球女将》在中国引起强烈反响的客观原因"（それが『燃えろアタック』が中国で大きな反響を呼んだ客観的原因である）とあり，"这"はその前の2行目"当时是改革开放初期，电视机开始进入普通百姓家庭，国产电视剧刚刚起步，而外国电视剧更少，对中国的观众来说，日本电视剧非常新鲜（当時は改革開放の初期であり，テレビが一般家庭に入り始め，国産テレビドラマが制作され始めたばかりで，外国のテレビドラマはさらに少なく，中国の視聴者にとって日本のテレビドラマがとても新鮮であった）を指すので，④を選びます。

24 (7) 問：《排球女将》描写的是什么故事？
   （『燃えろアタック』が描いているのはどんな物語か。）
   答：① 小鹿纯子获得奥运会金牌的故事。
   （小鹿純子がオリンピックの金メダルを獲得する物語。）
   ❷ 小鹿纯子为排球而拼搏的故事。
   （小鹿純子がバレーボールのために奮闘する物語。）
   ③ 小鹿纯子为考大学而拼搏的故事。
   （小鹿純子が大学入試のために奮闘する物語。）
   ④ 小鹿纯子成为中国人的偶像的故事。
   （小鹿純子が中国人のアイドルとなる物語。）

   4行目"这部电视剧描写了日本的一个女子排球队为参加奥运会排球比赛而努力拼搏的故事"（このテレビドラマは日本のある女子バレーボールチームがオリンピックのバレーボールの試合に出るために懸命に努力する物語である）から，②を選びます。

25 (8) 問：《排球女将》对马云产生了什么影响？
（『燃えろアタック』は馬雲にどのような影響を与えたか。）
答：❶ 树立了永不放弃的坚强信念。
（決して諦めないという強い信念を植え付けた。）
② 造成了两次高考失败的结果。
（2度大学入試に失敗するという結果を招いた。）
③ 放弃了上名牌大学的念头。
（有名大学に入るという考えを諦めさせた。）
④ 带来了阿里巴巴的快速发展。（アリババの急速な発展をもたらした。）

11行目"马云是在两次高考失败而准备放弃上大学的时候看《排球女将》的，小鹿纯子的拼搏精神深深地感动了马云，改变了他的人生。小鹿纯子是马云心目中的青春偶像，这个名字代表了勇敢、坚强、不流泪。马云始终牢记电视剧中'永不放弃'这句台词"（馬雲は大学入試に2度失敗し，大学に行くことを諦めようとしていたときに『燃えろアタック』を見た。小鹿純子の奮闘精神は馬雲を深く感動させ，彼の人生を変えた。小鹿純子は馬雲の心の中の青春アイドルであり，その名前は勇気，芯が強いこと，涙を流さないことのシンボルであった。馬雲はドラマの中の「決して諦めない」というせりふをずっと覚えており）から，①を選びます。

26 (9) 問：为什么日本记者都不知道"小鹿纯子"这个名字？
（なぜ日本の記者はみな「小鹿純子」という名前を知らなかったのか。）
答：① 因为日本记者不懂汉语，无法跟马云交流。（日本の記者は中国語が分からず，馬雲とコミュニケーションがとれなかったから。）
❷ 因为中文版的女主角名字跟原作不同。
（中国語版のヒロインの名前が原作と異なっていたから。）
③ 因为这部电视剧在日本观众很少。
（このテレビドラマは日本では視聴者が少なかったから。）
④ 因为扮演小鹿纯子的女演员不想见马云。
（小鹿純子を演じた女優が馬雲に会いたがらなかったから。）

21行目"女主角名字在原作中不叫'小鹿纯子'，而是叫'小鹿純'"（ヒロインの名前が原作では「小鹿純子」ではなく，「小鹿ジュン」であった）から，②を選びます。

27 ⑽ 問：与本文内容相符的是以下哪一项？
（本文の内容に合うものは，次のどれか。）
答：① 扮演小鹿纯子的女演员还在从事演艺工作。
（小鹿純子を演じた女優はまだ芸能の仕事をしている。）
② 小鹿纯子给人签名时总是写"永不放弃"。
（小鹿純子はサインをするときいつも「決して諦めない」と書く。）
❸ 马云找小鹿纯子的目的是为了表达谢意。
（馬雲が小鹿純子を探した目的は感謝の気持ちを表すためであった。）
④ 小鹿纯子虽然不够坚强，但十分活泼可爱。
（小鹿純子はあまり芯が強くないが，とても活発でかわいかった。）

> 17行目"他曾经委托日本记者帮助寻找扮演小鹿纯子的女演员，想当面向她表示感谢"（彼は日本の記者に小鹿純子を演じた女優を探してくれるように頼んだことがある。彼女にじかに感謝の気持ちを伝えたかったのだ）と合うので，③を選びます。

2 500字程度の文章を聞いた後，指定された5か所の文を漢字で書き取ります。全体の内容を理解しながら，正しく漢字で書く能力を問います。　（各10点）

37　　2014年中国赴（fù）日旅游总人数达到创纪录的220万人，比前一年增加了约80%。目前中国成为日本第三大旅游客源地。中国游客为什么赴日旅游热情大涨呢？(1)日元贬值、签证放宽、免税政策和日本旅游业的高水平服务是主要原因。

　　据中国旅游研究院的人员介绍，2013年日元对人民币的跌幅（diēfú）为 5
20%，2014年又下跌10%。(2)这意味着在日本购物能获得七折优惠，中国游客的消费水平也就自然提升。

38　　今年1月19日，日本对中国个人游客3年多次往返签证的有效期延长至5年，也就是说，只要经济条件符合，3年内访问过日本的中国游客可以申请3至5年的多次往返签证。日本观光厅驻北京办事处负责人介绍说："(3)放宽 10
签证条件是必然趋势，这次措施或许是为将来进一步开放做个铺垫。"

　　据日本媒体报道，2014年日本将免税品的范围从电器、皮箱等耐用消费品扩大至化妆品、食品等普通消费品。(4)而且，免税手续更加方便快捷（kuàijié），在百货商店等购物现场就能够直接免除。

39　　日本人的细致和严谨也使日本的旅游服务更加人性化。日本对海外游客 15

21

提供有较高质量的服务。比如说，(5)餐厅内有刀叉、筷子以及多种调味品供游客自主选择，还配置了外籍雇员；公共场所设置英文和中文指示牌；有些大型商场专门为中国游客提供中文导购服务，使用印有"福"字的商品购物袋等。

　日元贬值：円安
　跌幅：名（価格などの）下落幅
　下跌：動下落する
　优惠：形優遇した。ここでは名詞として用いられている
　多次往返签证：数次ビザ
　铺垫：名下地。伏線
　严谨：形少しもおろそかにしない。周到である
　指示牌：名表示板
　导购：動ショッピング案内をする

訳：2014年に日本へ観光に行った中国人の総数は新記録の220万人に達し，前の年よりおよそ80％増えた。現在，中国は日本にとって第3位の観光客供給地となっている。中国人観光客はなぜ日本観光への熱い思いを膨らませているのであろうか。(1)円安，ビザ申請の緩和，免税政策と日本の観光業のサービスレベルの高さが主な原因である。

　中国旅遊研究院のスタッフの説明によると，2013年に日本円の人民元に対する下げ幅は20％となり，2014年にはまた10％下がった。(2)これは日本で買い物をすると3割引きの優遇になることを意味しており，中国人観光客の消費レベルもおのずと上昇することになる。

　今年1月19日，日本の中国人個人観光客向けの数次ビザの有効期限が3年から5年に延長された。つまり，経済的な条件がクリアされれば，3年以内に日本を訪れたことのある中国人観光客は3〜5年の数次ビザを申請できるのである。日本の観光庁の北京駐在事務所の責任者は「(3)ビザ条件の緩和は当然の流れであり，今回の措置は将来さらに門戸を開くための下地となるのかもしれない」と話している。

　日本のメディアが伝えるところによると，2014年に日本は免税品の範囲を電気器具，スーツケースなどの耐久消費財から化粧品，食品などの一般の消費財にまで広げた。(4)しかも，免税手続きはさらに便利で速くなり，デパートなどのショッピングの現場で直接（税金を）免除することができるようになった。

　日本人の細やかさと周到さも日本の観光サービスをさらに人間味あるものにしている。日本は海外からの観光客に対して質の高いサービスを提供している。

例えば，(5)レストランにはナイフとフォーク，箸やさまざまな種類の調味料があって，観光客が自分で選べるようになっており，外国人の店員も配置されている．公共の場所には英語と中国語の表示板が設置されている．一部の大型マーケットは専ら中国人観光客に中国語によるショッピング案内を行い，「福」の字がプリントされたショッピングバッグを使用しているなどである．

40 (1) 日元贬值、签证放宽、免税政策和日本旅游业的高水平服务是主要原因。

41 (2) 这意味着在日本购物能获得七折优惠，中国游客的消费水平也就自然提升。

42 (3) 放宽签证条件是必然趋势，这次措施或许是为将来进一步开放做个铺垫。

43 (4) 而且，免税手续更加方便快捷，在百货商店等购物现场就能够直接免除。

44 (5) 餐厅内有刀叉、筷子以及多种调味品供游客自主选择，还配置了外籍雇员

筆　記　（⇨問題5頁）

1 800字程度の文章を読み，流れをつかんで適当な語句を補う8問，正しいピンインを選ぶ1問，内容の理解を問う1問に答えます。語句の知識と読解力を問います。

(各2点)

解答：(1)❷　(2)❸　(3)❶　(4)❶　(5)❹　(6)❷　(7)❹　(8)❸　(9)❷　(10)❷

　　黄昏，居民楼下 (1)陆陆续续 聚集了不少老人，一边摇着扇子纳凉，一边聊天儿，十分热闹。
　　老人都是这里的住户。这是个30多年前建的老小区，根据国家建筑标准，7层楼房以上才能安装电梯，这个小区都是6层楼房，没有电梯。现在小区居民的年纪都大了，以前还经常能看到住在楼上的老人手里拎着小椅子下楼。椅子除了来到楼下后坐坐，主要功能还是上楼回家时用，爬一层楼，放下椅子，坐一会儿，喘口气，养足了劲，再爬一层。后来有的住在楼上的老人嫌费事，(2)干脆 就不下楼了。
　　一天，我发现3楼的转角处放了一把椅子，(3)以为 是谁忘记拿回家了，但很多天过去了，椅子一直在，显然是谁特地放那儿的。上下楼的老人，爬楼梯累了，走到3楼转角处，正好在椅子上坐一坐，(4)歇歇脚 。椅子成了上下楼老人的中转站，下楼的老人慢慢多起来了。不久，5楼、4楼、2楼的转角处也都放了一把椅子。有的是木椅，有的是竹椅，2楼放的 (5)竟然 是一张小沙发。没有人知道是谁放的，也许是哪位住在楼上的老人，也可能是某个家有老人的年轻后生。转角处的这几把旧椅子，给上下楼的老人带来了很大的方便，(6)纵使 是住在最高层6楼的老人，现在 (6)也 敢下楼来了。
　　然而，问题也随之而来了。老楼房的楼梯本来就窄，又放了把椅子，上下楼就有点碍手碍脚(àishǒu-àijiǎo)，特别是搬动大家具的时候。住在4楼的中年男人想出了一个办法，他弄来一把可以折叠收起的椅子，然后，在3楼拐角处的墙壁上钻(zuān)了几个眼，把折叠椅安装了上去。需要坐的时候，把椅子放平，贴墙而坐，不需要的时候，就把椅子再靠墙折叠起来，一点不碍事。有位做生意的居民 (7)自告奋勇 地拿出了一 (8)笔 钱，把各楼层的椅子都换上了折叠椅。
　　老人们开心极了，上下楼再也不那么艰难了。可以每天下楼，和老伙伴

们见见面，聊聊天，他们甚至可以邀请以前的老朋友，上自己的家里做客了。他们在发出邀请的时候，也不会忘记(9)<u>叮嘱 dīngzhǔ</u> 老朋友一声，每层楼梯转角处都有一把折叠椅，可以坐下来喘口气。

　　这幢老式居民楼转角处的椅子，成为一道亮丽的风景，让附近居民楼里的老人们羡慕不已。现在地方政府已经拨(bō)出专款，要在所有老居民楼里推广。

　　有时候，爱就这么简单，转角处的一把椅子，让我们感受到无比的温暖。

小区：[名]商店，病院，学校などが備わった団地
转角处："转角"は「[名]街の曲がり角」，ここでは"转角处"で「階段の踊り場」
　　を指す
中转站：[名]乗り換え駅
碍手碍脚：[成]邪魔になる
钻眼：穴を空ける
折叠椅：[名]折り畳み椅子
碍事：[動]邪魔になる
亮丽：[形]明るくて美しい。"明亮美丽"の意味
拨：28行目"拨出"の"拨"は「[動]配分する」
专款：[名]特別支出金

訳：たそがれどきになると，集合住宅の下に大勢の老人が続々と集まって来て，扇子をあおいで涼みながら，おしゃべりをして，とてもにぎやかである。

　　老人はみなここの住人である。ここは30余年前に建てられた古い団地で，国の建築基準によれば，7階建て以上の建物がエレベーターを設置することができるが，この団地はみな6階建てで，エレベーターがない。今では団地の住民の年齢はみんな高くなってしまった。以前は上の階に住んでいる老人が手に小さな椅子を持って階段を下りるのがよく見かけられた。椅子は階下に下りた後ちょっと座るほか，主な使い道は階段を上って家に帰るときに使うのである。1階上って，椅子を下ろし，しばらく座り，息をつき，力を蓄え，さらに1階上る。後には，上の階に住んでいるある老人は面倒なのを嫌い，いっそのこと階段を下りなくなってしまった。

　　ある日のこと，私は3階の踊り場に椅子が1脚置いてあるのを見つけ，誰かが家に持って帰るのを忘れたのだと思っていた。しかし何日経っても，椅子はずっと置いてある。明らかに誰かがわざわざここに置いたのだ。階段を上り下りする老人が，歩き疲れ，3階の踊り場まで来て，ちょうど椅子にちょっと座っ

25

て，足を休めるのである。椅子は階段を上り下りする老人の乗り換え駅になっており，階段を下りる老人はだんだん多くなっていった。そのうち，5階，4階，2階の踊り場にもみんな椅子が1脚置かれるようになった。あるものは木の椅子で，あるものは竹の椅子であり，2階に置いてあるのはなんと小さなソファーであった。誰が置いたのか誰も知らず，誰か上の階に住んでいる老人かもしれないし，どこか老人がいる家の子供かもしれない。踊り場のこの何脚かの古い椅子は，階段を上り下りする老人に大きな利便をもたらし，一番高い6階に住む老人ですら，今では平気で階段を下りて来るようになった。

しかし，これに伴って問題も起きた。古い建物の階段はもともと狭いうえ，椅子を置いたので，階段の上り下りの邪魔になる。大きな家具を運ぶときはなおさらだ。そこで4階に住む中年の男性がある方法を思いついた。彼は折り畳みできる椅子を持って来て，3階の踊り場の壁にいくつかの穴をあけ，折り畳みの椅子を備え付けた。座る必要があるときには，椅子を広げ，壁につけて座り，必要がないときには，椅子を畳んで壁に立てかければ，少しも邪魔にならない。商売をしているある住民が自ら買って出てお金を出し，各階の椅子をみんな折り畳み椅子に換えてくれた。

老人たちはとても喜び，階段の上り下りはもうそれほどつらくなくなった。毎日階段を下り，昔からのなじみと顔を合わせ，おしゃべりをすることができる。彼らは以前の古い友達を呼んで，自分の家に客として招くようにすらなった。彼らは招く際に，古い友達に「各階の階段の踊り場にはみんな折り畳み椅子があるから，座って息をつくことができる」と一声掛けることも忘れない。

この旧式の集合住宅の踊り場の椅子は，明るく美しい風景となり，近くの集合住宅の老人たちはしきりに羨んでいる。現在，地方政府はすでに特別支出金を配分して，すべての古い集合住宅に広めようとしている。

ときには，愛はこんなにも簡単であり，踊り場の1脚の椅子が，私たちにこの上ない温かさを感じさせてくれるのだ。

(1) 空欄補充

　居民楼下□□聚集了不少老人
　（集合住宅の下に大勢の老人が続々と集まって来て）
　① 磨磨蹭蹭（mómócèngcèng "磨蹭"〔動ぐずぐずする〕の重ね型）
　❷ 陆陆续续（"陆续"〔副続々と〕の重ね型）
　③ 躲躲闪闪（"躲闪"〔動身をかわす〕の重ね型）
　④ 唠唠叨叨（láoláodāodāo "唠叨"〔動くどくど言う〕の重ね型）

「大勢の」老人が「集まる」状況を述べるのに，意味から適当な②を選びます。

(2) 空欄補充

后来有的住在楼上的老人嫌费事，□□就不下楼了（後には，上の階に住んでいるある老人は面倒なのを嫌い，いっそのこと階段を下りなくなってしまった）

① 简直（副ほとんど）
② 果然（副果たして。やはり）
❸ 干脆（副いっそのこと）
④ 总归（副結局のところ）

　　5行目"以前还经常能看到住在楼上的老人手里拎着小椅子下楼"（以前は上の階に住んでいる老人が手に小さな椅子を持って階段を下りるのがよく見かけられた）に対し，この"后来…"で異なる状況を述べています。"嫌费事"（面倒を嫌う）から"不下楼了"（階段を下りなくなった）につながるのに，意味から適当な③を選びます。

(3) 空欄補充

一天，我发现3楼的转角处放了一把椅子，□□是谁忘记拿回家了，但很多天过去了，椅子一直在，显然是谁特地放那儿的（ある日のこと，私は3階の踊り場に椅子が1脚置いてあるのを見つけ，誰かが家に持って帰るのを忘れたのだと思っていた。しかし何日経っても，椅子はずっと置いてある。明らかに誰かがわざわざここに置いたのだ）

❶ 以为（動…と思う）
② 推托（動口実を設けて断る）
③ 推算（動既存のデータから推計する）
④ 认为（動…と考える）

　　"一天…"と"但很多天过去了…"で「私」の考えは"□□是谁忘记拿回家了"（誰かが家に持って帰るのを忘れたのだ）から"显然是谁特地放那儿的"（明らかに誰かがわざわざここに置いたのだ）へと変わっています。事実と合わない思い込みについて用いる①を選びます。

(4) 空欄補充

上下楼的老人，爬楼梯累了，走到 3 楼转角处，正好在椅子上坐一坐，☐ （階段を上り下りする老人が，歩き疲れ，3 階の踊り場まで来て，ちょうど椅子にちょっと座って，足を休めるのである）

❶ 歇歇脚（"歇脚" は「動足を休める」）
② 遛遛弯（"遛弯" liùwān は「動散歩する」）
③ 唠唠嗑（"唠嗑" làokē は「動世間話をする」）
④ 透透气（"透气" は「動新鮮な空気を吸う」）

> ①〜④は離合詞の重ね型で，「ちょっと…する」という意味になります。この前の"坐一坐"は単音節の動詞の重ね型のかたちです。歩き疲れて椅子を用い"坐一坐"に続いて行う動作・行為として，意味から適当な①を選びます。

(5) 空欄補充

有的是木椅，有的是竹椅，2 楼放的 ☐ 是一张小沙发（あるものは木の椅子で，あるものは竹の椅子であり，2 階に置いてあるのはなんと小さなソファーであった）

① 索性（副いっそのこと）
② 起码（副少なくとも）
③ 果然（副果たして。やはり）
❹ 竟然（副なんと。意外にも）

> "木椅""竹椅"と比べ，"小沙发"はこの階段の踊り場にある椅子にしては豪華なものです。意外であることを表す意味から適当な④を選びます。

(6) 空欄補充

转角处的这几把旧椅子，给上下楼的老人带来了很大的方便，☐ 是住在最高层 6 楼的老人，现在 ☐ 敢下楼来了（踊り場のこの何脚かの古い椅子は，階段を上り下りする老人に大きな利便をもたらし，一番高い 6 階に住む老人ですら，今では平気で階段を下りて来るようになった）

① 不管…也…（…にかかわらず…）
❷ 纵使…也…（たとえ…でも…）
③ 既然…就…（…である以上…）

④ 除非…才…（…しない限り…しない）

> "□是住在最高层6楼的老人…"は"转角处的这几把旧椅子，给上下楼的老人带来了很大的方便"（踊り場のこの何脚かの古い椅子は，階段を上り下りする老人に大きな利便をもたらし）の結果の状況を述べています。一番高い6階に住み，一番不便だった老人を引き合いに出しているので，極端な仮定条件について述べる意味から適当な②を選びます。

(7) 空欄補充

有位做生意的居民□地拿出了一□钱，把各楼层的椅子都换上了折叠椅（商売をしているある住民が自ら買って出てお金を出し，各階の椅子をみんな折り畳み椅子に換えてくれた）

① 自不量力（成身の程を知らない。思い上がる）

② 自顾不暇
　（成自分の面倒を見る暇もない。他人のことなど構っていられない）

③ 自高自大（成思い上がって，他人をばかにする）

❹ 自告奋勇（成困難な事を担うことを自ら買って出る）

> "把各楼层的椅子都换上了折叠椅"（各階の椅子をみんな折り畳み椅子に換えてくれた）ぐらいのまとまったお金を出すのは，なかなかできない難しい事なので，それを表すのに意味から適当な④を選びます。

(8) 空欄補充

一□钱

① 束（量束ねたものを数える）

② 套（量セットになっているものを数える）

❸ 笔（量金銭や金銭に関するものを数える）

④ 款（量〔デザインの〕種類を数える）

> "钱"に用いるのに適当な量詞③を選びます。

(9) ピンイン表記

叮嘱

① dīngshǔ

❷ dīngzhǔ

③ tīngshǔ

④ tīngzhǔ

「動繰り返し言い含める」。

(10) 内容の不一致
① 改放折叠椅是因为老居民楼的楼梯狭窄。(折り畳み椅子を置くことに変えたのは，古い集合住宅の階段が狭いからである。)
❷ 老人们要求在楼梯转角处放上小沙发。
(老人たちは階段の踊り場に小さなソファーを置くことを要求した。)
③ 该居民楼没安装电梯符合当时的国家规定。(この集合住宅にエレベーターを設置していないのは当時の国の規定に反していない。)
④ 现在老人上下楼不用再自己带小椅子了。(今では老人は階段の上り下りの際にもう自分で小さな椅子を持って行く必要がなくなった。)

13行目"2楼放的竟然是一张小沙发。没有人知道是谁放的"(2階に置いてあるのはなんと小さなソファーであった。誰が置いたのか誰も知らず)と合わないので，②を選びます。

2 適当な語句を補います。読解力と語句の知識を問います。　　(各2点)

解答：(1)❷　(2)❶　(3)❸　(4)❷　(5)❷　(6)❶　(7)❹　(8)❹　(9)❸　(10)❶

(1) 他戴的那块瑞士手表价格非常（ 昂贵 ）。
(彼がはめているあのスイス製の腕時計は値段がとても高い。)
① 高贵（形高貴である。高尚である。極めて貴重である）
❷ 昂贵（形〔値段が〕非常に高い）
③ 显贵（形〔地位が〕高い）
④ 珍贵（形貴重である）

"价格"について用いるのに意味から適当な②を選びます。

(2) 有关部门调查了几个月，事故原因仍是一（ 团 ）迷雾。(関係部門が数か月調査したが，事故の原因は依然として解決の方向が見えない。)
❶ 团（量かたまりになった物を数える）
② 场
(cháng 量一定時間続く事柄を数える／chǎng 量上演などの回数を数える)
③ 股（量気体，におい，力などを数える）

30

④ 阵（量一定時間続く事柄や動作を数える）

  "迷雾"は「深い霧」から，ここでは「名方向を見失わせる物事」。"迷雾"に用いるのに適当な量詞①を選びます。

(3) 圣诞节临近，商家用尽各种（ 招数 ）来促销商品。
 （クリスマスが近づき，商店はあの手この手で販売促進を図っている。）
 ① 架势（jiàshi 名姿勢）
 ② 尺码（名〔靴や帽子などの〕サイズ）
 ❸ 招数（名手段）
 ④ 戏法（名手品）

  商店が販売促進に用いるのは何かを考え，意味から適当な③を選びます。

(4) 听了老师的解释，她知道自己（ 错怪 ）孩子了。
 （先生の説明を聞いて，彼女は自分が誤って子供を責めたことを知った。）
 ① 错过（動時機や対象を逃す）
 ❷ 错怪（動誤解から誤って責めたり恨んだりする）
 ③ 奇怪（形奇妙である。不思議である）
 ④ 难过（形苦しい。つらい。悲しい）

  "孩子"を目的語にとる品詞と意味から適当な②を選びます。

(5) 她拿的那个名牌包做工（ 粗糙 ），一看就是假冒商品。（彼女が持っているあのブランド物のバッグは作りが粗雑で，見ればすぐに偽物であると分かる。）
 ① 粗犷（cūguǎng 形粗暴である）
 ❷ 粗糙（cūcāo 形雑である）
 ③ 粗莽（cūmǎng 形無鉄砲である）
 ④ 粗野（形粗野である）

  "做工"について用いるのに意味から適当な②を選びます。

(6) 他俩不知什么时候变成了（ 死对头 ），一见面就吵得天翻地覆。（二人はいつのころからか犬猿の仲になって，顔を合わせるとすぐ大げんかになる。）
 ❶ 死对头（名犬猿の仲）
 ② 吝啬鬼（名けちん坊）

31

③ 丧门星（[名]疫病神(やくびょうがみ)）

④ 地头蛇（[名]土地のやくざ）

> "天翻地覆"は「[成]大騒ぎである」。"一见面就吵得天翻地覆"（顔を合わせるとすぐ大げんかする）という"他俩"を表すのに意味から適当な①を選びます。

(7) 总经理突然辞职，公司里一下子就（ 乱套 ）了。
（社長が突然辞任したので，会社はいっぺんに混乱に陥った。）

① 胡闹（[動]でたらめをやる）

② 昏庸（[形]愚昧(ぐまい)である）

③ 浑水（[名]濁り水）

❹ 乱套（[動]秩序が乱れる）

> 副詞"就"の後にあり"了"がつくことから（ ）には動詞が入り，"总经理突然辞职"（社長が突然辞任した）という非常事態に対する会社の状態を表すのに意味から適当な④を選びます。

(8) 父母（ 兑现 ）承诺，给考上大学的儿子买了新电脑。
（両親は約束を果たし，大学に受かった息子に新しいパソコンを買ってやった。）

① 兑奖（[動]当たりくじを賞金や商品に換える）

② 抵换（dǐhuàn [動]取り替える。引き替える）

③ 抵押（[動]抵当にする）

❹ 兑现（「決算で現金を支払う」から「[動]約束を果たす」）

> "承诺"は「[動]承諾する」で，ここでは「承諾したこと。約束」という意味の名詞として用いられています。これについて用いるのに意味から適当な④を選びます。

(9) 原油价格持续下跌（xiàdiē），有些石油输出国快要（ 挺不住 ）了。（原油価格が下がり続けているので，一部の石油輸出国は持ちこたえられなくなりそうだ。）

① 抵不过（かなわない）

② 扶不起（助け起こせない）

❸ 挺不住（持ちこたえられない）

④ 搞不掉（やりおおせられない）

①〜④の「動詞＋可能補語の否定形」のうち，意味から適当な③を選びます。

⑽ 竟敢在国画大师面前高谈国画，你这不是（ 班门弄斧 ）吗？（中国画の大御所の前で中国画のことをあれこれ論じるとは，君は身の程知らずもいいとこじゃないか。）

❶ 班门弄斧（「大工の祖と言われる魯班の家の前で斧を振り回す（大工仕事をする）」から，「成釈迦に説法。専門家の前で知ったかぶりをする。身の程知らずである」）

② 毛遂自荐（戦国時代，秦の圧迫を受けた趙の平原君が，楚に救援を頼みに行くとき，毛遂が自分を伴うよう自薦し大いに功を立てたことから，「成自分から名乗り出て一役買う」）

③ 叶公好龙（春秋時代，葉の領主は龍が好きだと公言していたが，それを聞いた龍が現れると，驚いて逃げてしまったことから，「成見せかけだけの好物である」）

④ 愚公移山（愚公という老人が，家の前を塞ぐ山を掘り崩そうとして，無謀さを笑われたが，「自分が死んでも子孫が続けていくし，山は高くならないので，いつかは平らになる」と諦めなかったことから，「成物事を行うのに根気があり困難を恐れない」）

　"竟"は「副こともあろうに。なんと」。"敢"とともに，前半が大胆な行為について述べていることが推測されます。後半"不是…吗?"は反語の表現で，話し手はそのように断定したいわけです。"在国画大师面前高谈国画"がどういう大胆な行為かを考え，それを表す意味から適当な①を選びます。

3　正しく解釈した文を選びます。語句の意味についての知識を問います。（各2点）

解答：(1) ❷　(2) ❶　(3) ❹　(4) ❶　(5) ❶　(6) ❸　(7) ❸　(8) ❷

(1) 我们在海南岛相遇，一见如故，结为了生死不渝(yú)的朋友。（私たちは海南島で出会い，初対面なのに意気投合し，終生変わることのない友情を結んだ。）

① 表示一辈子只见到一次就死去的人。
（生涯でただ1度会っただけで死んでしまった人を表す。）

❷ 表示初次见面就像老朋友一样。

33

（初めて会ってすぐに古い友人のようになることを表す。）
　③ 表示一见面就产生了男女间的爱情。
　　（会ってすぐ男女間の愛情が生まれることを表す。）
　④ 表示见到了多年不见的好朋友。
　　（長年会っていない親友に会ったことを表す。）

> "一见如故"は「慣 初対面なのに古い友人のように気が合う」なので，②を選びます。

(2) 你这样的性格不改一改的话，迟早要栽跟头的。
　　（君のそのような性格は改めないことには，早晩しくじるよ。）
　❶ 比喻失败或受挫折。（失敗したり挫折したりすることを例える。）
　② 比喻上当或被陷害。（だまされたり陥れられたりすることを例える。）
　③ 比喻迷路或被误导。
　　（道に迷ったり間違って案内されたりすることを例える。）
　④ 比喻受伤或被攻击。（負傷したり攻撃されたりすることを例える。）

> "栽"は「動 つまづいて転ぶ」，"跟头"は「名 体が平衡を失って倒れる動作」。"栽跟头"で「つまづく」，転じて「慣 失敗したり醜態をさらす」なので，①を選びます。

(3) 她是一个极爱凑热闹的人，哪一次都少不了她。（彼女はにぎやかな場に加わるのがとても好きな人で，毎回必ず顔を見せる。）
　① 跟别人大吵大闹一场。（他の人と大騒ぎをする。）
　② 让热闹的气氛冷清下来。（にぎやかな雰囲気を冷ましてしまう。）
　③ 让冷清的气氛热闹起来。（冷めた雰囲気をにぎやかにする。）
　❹ 参与到热闹的场合中去。（にぎやかな場に加わる。）

> "凑热闹"は「慣 にぎやかな場に加わり，いっしょににぎやかにする」なので，④を選びます。

(4) 这种事情可不是开玩笑的，搞不好要吃官司(guānsi)的。
　　（こういう事は遊び事ではない。へたをすると訴えられるぞ。）
　❶ 表示被追究法律责任。（法律上の責任を追及されることを表す。）
　② 表示请政府官员吃饭。（政府の役人を食事でもてなすことを表す。）
　③ 表示被政府官员批评。（政府の役人に批判されることを表す。）

④ 表示请人帮助调解矛盾。
（人に頼んでもめ事を仲裁してもらうことを表す。）

> "官司"は「名訴訟」で俗な話し言葉，正式には"诉讼"(sùsòng)を用います。"吃官司"で「慣告訴される」なので，①を選びます。「告訴する。訴訟を起こす」は"打官司"。

(5) 在紧要关头，说时迟，那时快，他一个箭步冲了上去。
（大事な瀬戸際に，瞬間，彼はすばやく突進していった。）
❶ 表示事情发生的速度非常快。
（事が起こるスピードが非常に速いことを表す。）
② 表示事情或早或晚一定会发生。
（事が遅かれ早かれ必ず起こることを表す。）
③ 表示说完话后马上付诸行动。
（話し終わるとすぐに行動に移すことを表す。）
④ 表示事前预测到危险会发生。
（危険な事が発生するのを事前に予測することを表す。）

> "说时迟,那时快"は「話すときは遅く,事が起こるときは速い」→「事が起こるのが話をするのより速い」→「その瞬間に」という意味です。また，"箭步"は「名一気に遠くへ跳ぶ足取り」で，"一个箭步"（すばやくぱっと）のかたちで用いられます。"一个箭步冲了上去"につながる意味からも①を選ぶことができます。③の"付"は「動渡す。ゆだねる」，"诸"は書き言葉で"之于"と同じ意味であり，またその二字が合わさった音を表しています。"付诸行动"（行動に移す），"付诸实施"（実施に移す）のように用います。

(6) 我昨天根本没有去，她却说见到了我，这不是睁眼说瞎话吗？（私は昨日行ってなんかいないのに，彼女は私に会ったと言う。これは平気でうそをついているのではないか。）
① 比喻光线黑暗看不清楚说话的人。
（光が暗くて話している人がはっきり見えないことを例える。）
② 比喻没看清楚就草率地做出判断。
（はっきり分からないのに，いいかげんに判断を下すことを例える。）
❸ 比喻明知事实真相却故意说谎话。

(事の真相を明らかに知っていながら，わざとうそをつくことを例える。)
④ 比喻不了解事实真相就发表意见。
(事の真相を知らないで意見を発表することを例える。)

> "睁"は「動(目を)開ける」，"瞎话"は「名うそ」。"睁眼说瞎话"で「目を開けて(状況を見ていながら)うそを言う」，転じて「慣真相を知っていながら，うそをつく」なので，③を選びます。

(7) 咱们是老朋友，你就没必要跟我兜圈子了。
(俺たちは古い友達なのだから，回りくどい言い方をしなさんな。)
① 比喻做事讲原则，不照顾人情。
(事を行うのに原則を重んじ，人情を顧みないことを例える。)
② 比喻做事左右摇摆，犹豫不定。(事を行うのにああでもないこうでもないと，なかなか決められないことを例える。)
❸ 比喻说话拐弯抹角，不照直说。
(回りくどい言い方をして，率直に言わないことを例える。)
④ 比喻说话直截了当(zhíjié-liǎodàng)，毫不客气。
(話し方が単刀直入で，少しも遠慮しないことを例える。)

> "兜圈子"は「慣回りくどく言う」なので，③を選びます。「言う」対象は"跟"で導きます。③の"拐弯抹角"は「曲がりくねった道を行く」から「成(話が)回りくどい」，"照直"は「副率直に」。④の"直截了当"は「成単刀直入である」。

(8) 他是"无事不登三宝殿"，今天来肯定有原因。
(彼は用がなければ来ない。今日来たのはきっと理由があるに違いない。)
① 比喻没事时也专程拜访。
(用事がないときでもわざわざ訪ねて来ることを例える。)
❷ 比喻没事不登门拜访。(用事がなければ訪ねて来ないことを例える。)
③ 比喻四处拜佛祈求平安。
(各所で仏を拝み，平穏無事を祈ることを例える。)
④ 比喻三番五次请人帮忙。(何度も人の助けを頼むことを例える。)

> "三宝殿"は「仏殿」のことで，"无事不登三宝殿"で「心配事がなければ仏殿にお願いに行かない」から「諺用事がなければ訪ねない」なので，②を選びます。④の"三番五次"は「成何度も」。

4 600字程度の文章を読み、2か所のピンインを漢字に改め、3つの文を日本語に訳します。全体の内容を理解しながら、正しく漢字で書く能力、日本語の翻訳力を問います。
((1)各4点、(2)(a)(b)各7点、(c)6点)

　每天放学，女儿总是在她学校大门前的书店里边看书边等我去接她。这天，书店临时关门。放学后，女儿没地方可去，又担心我接不着她，便到我必经的路口去等我。

　天气很冷，下着小雨。女儿光着头一动不动地站在雨中等着我的出现。等我看到她时，她已经全身湿透了。(a)本想责怪她怎么不避避雨，但看她被淋得像只落汤鸡，就什么也说不出来了。女儿毕竟只有七岁，我能想象得出那一刻她内心的焦急，一是担心我接不着她，二是怕街头来来往往的人群挡住视线，望不着我。何况女儿看到我的时候，不仅没有(ア)mányuàn埋怨这恼人的雨，反而喜出望外地扑向我，一个劲地喊着："妈妈！妈妈！我在这儿呢。"女儿那兴奋的样子，使我想到自己多年未淋过一场雨，以致忘却了淋雨后的痛快感觉。

　雨，曾经给了我许多美好记忆。

　儿时的雨，来不及想象，来不及(イ)duǒbì躲避，说来就来了。放学时，我们经常护抱着书包拼命往家赶，夹着嘻嘻哈哈的追闹声，全然没觉得一场雨会给人的心情带来忧愁。回到家，母亲一个劲地拉长她的衣角在我头上擦了又擦，既不怨天也不责怪我们，眼里只有自责与心疼，因为那时家里根本就没有一把像样的伞。(b)当母亲触摸到我的头时，我顿感心里暖暖的，恨不得多淋几次这样的雨。

　还有些雨，不大不小，反正知道它要来了，左邻右舍都手忙脚乱地一起来帮忙。谁家晒在外面的稻谷麦粒，谁家的棉被衣物，都是一定要赶在雨前抢收完毕的。一阵紧张的忙乱之后，大雨来了。粮食、衣物一点儿也未被雨淋，大家你看着我，我看着你，那一刻，有满足、胜利、幸福的笑容写在脸上。

　那个时候的雨好像会和很多人、很多事、很多感情牵连在一起的。

　时过多年，(c)不惑之年的我对雨的感受愈发迟钝了，甚至时常根本不愿意看到一场雨的到来。每天都要看天气预报，提前添衣带伞。即使下多大的雨，也与我的情感一点儿关系都没有。

　我甚至开始怀疑自己，是否还有勇气，像七岁的女儿一样站在大街上去淋一场属于自己心中的雨？

37

追闹声：名追いかけっこをする声

左邻右舍：成隣近所

手忙脚乱：成慌てふためく

訳：毎日放課後，娘はいつも学校の正門前の本屋で本を読みながら私が迎えに行くのを待っている。その日，本屋は臨時休業であった。放課後，娘は行くところがなく，私が自分を見つけられないのではと心配もして，私が必ず通る曲がり角に行き待っていた。

天気はとても寒く，小雨が降っていた。娘は頭に何もかぶらず，じっと身動きもせずに雨の中で私が現れるのを待っていた。私が娘を見つけたとき，娘は全身ずぶ濡れだった。(a)娘に「どうして雨宿りしないのか」と叱ろうと思ったが，娘が全身ずぶ濡れになっているのを見ると，何も言えなかった。娘はしょせんまだ7歳なのだ。私はそのときの娘の内心の焦りを想像することができた。一つは，私が見つけられないことを心配したのである。二つは，通りを行き交う人の群れが視線を遮り，私が見えないことを心配したのである。しかも娘は私を見たとき，うっとうしい雨を恨まなかったばかりか，かえって思いがけない喜びに出会ったかのように私に向かって飛び込んで来て，しきりに「お母さん！お母さん！私はここよ。」と叫んだ。娘の興奮した様子を見て，私は自分が長い間雨に濡れていないので，雨に濡れた後の快い感覚を忘れていたことに思い至った。

雨はかつて私に多くのすばらしい記憶を与えてくれた。

子供のころの雨は，予測する間もなく，避ける間もなく，急に降って来た。放課後，私たちはよくカバンを抱えて懸命に家へと急ぎ，きゃっきゃっという追いかけっこの声を挟みながら，雨が人の心にもたらす憂愁を全く感じなかった。家に帰ると，母は自分の上着のすそをしきりに引っ張り，私の頭を何度もこすり，天気を恨むでもなく，また私たちを叱りもせず，その目には自責の念といつくしむ気持ちしかなかった。そのころ家にはちゃんとした傘が全くなかったからである。(b)母が私の頭をなでてくれたとき，私は心の中がさっと温かくなり，何度もこのような雨に濡れたいと思った。

強い弱いにかかわりなく，いずれにしろ雨が降りそうになると，隣り近所の人がみな慌てふためいて一緒に助け合うこともあった。どこかの家が外に干しているモミや麦粒，どこかの家の綿入れの掛け布団や服や日用品もみな必ず雨の前に急いで取り込まなければならなかった。ひとしきりの張りつめた忙しいごたごたの後，大雨が降って来た。穀物，服や日用品は少しも雨に濡れず，皆は互いに顔を見合わせ，その瞬間，満足，勝利，幸福の笑顔が顔に浮んでいた。

そのころの雨は多くの人,多くの事,多くの感情と結び付いて一つになっているかのようだ。

長い年月が経ち,(c)不惑の年の私は雨に対する感覚がますます鈍くなっていて,雨が降って来るのを見たくないとすらいつも思っている。毎日天気予報を見て,あらかじめ服を多めに着,傘を持つようにしている。たとえどんな大雨が降っても,私の心を動かさなくなった。

私は7歳の娘と同じように大通りに立って自分の心の中の雨に濡れる勇気がまだあるのかどうか,自分を疑い始めたりもする。

(1) (ア) mányuàn

　　埋怨

　　　「動恨む」。

　(イ) duǒbì

　　躲避

　　　「動避ける」。

(2) (a)〜(c)上記を参照

　　(a)の"落汤鸡"は「名濡れねずみ」,5行目"全身湿透"の意味。(b)の"顿"は「副さっと」,(c)の"不惑"は『論語・為政編』の"四十而不惑"(40歳になると,是非の判断がつき,惑わされなくなった)から「40歳」を指します。

5　100字程度の日本語の文章2題を中国語に訳します。会話,手紙,論説などのまとまった長さの文章を組み立てる能力を問います。　　　　(各10点)

(1) 近年,寿司店を中心とした日本料理店が世界各地で急増している。美味しさだけではなく,ヘルシーであることも日本料理が人気を集める大きな理由の一つと思われる。

近年来,以寿司店为主,日本料理店在世界各地快速增加。一般认为日本料理不但好吃,而且有助健康,这也是它受欢迎的重要理由之一。

　　「寿司」は"寿司"が中国にも定着しています。「…を中心とした」は"以…为主"。「日本料理店」については,中国語の"料理"は,もともと「動処理する」ですが,「料理(する)」という意味でも用いられるよ

うになっているので，そのまま"日本料理店"とすることができます。もちろん"日本餐館"でもかまいません。「急増している」は"剧増""猛増"でもかまいません。「…だけではなく，～も」は，"不但…，而且～"のほか，"不仅…，还～"などもあります。「ヘルシーである」は"有助健康"と覚えておくとよいでしょう。「…であることも～」は，先に「…」の内容を述べた後，節を分け，その内容を受ける"这"を後の節の主語に用います。「大きな」は「重要な」と読み換えます。「…と思われる」のような動作・行為をする人が示されていない表現は"一般"を補い"一般认为…"で表します。

(2) 彼が中国に留学した時は，すでに30歳を過ぎていて，ゼロから外国語を学ぶには決して若くはなかった。早く中国語の力をつけるため，手振りを交えながら道行く人に声をかけ，タクシーの運転手と長時間にわたり激論を交わしたこともあった。

他去中国留学时已经30多岁了，要从头学习外语，决不算年轻。为了尽快提高汉语能力，他借助手势与行人交谈，还和出租车司机进行过长时间的争论。

「…歳を過ぎている」は「…歳余りである」と読み換え"…多岁"と訳します。「ゼロから」は"从头开始""从零开始"とも訳せます。「決して…ではない」は"并不…"でもかまいません。「早く」はここでは「できるだけ早く」の意味なので"尽快"，「中国語の力をつける」は"掌握汉语"とも訳せます。「手振り」は"手势"，解答例の"借助手势"は「手振りの力を借りる」と読み換えて訳していますが，問題文の直訳に近い"加上手势"でもかまいません。"与行人""和出租车司机"の"与"と"和"は逆でも，また"跟"を用いてもかまいません。「激論を交わしたこともあった」は"争论过很长时间"とも言えます。

準1級第87回
(2015年11月)

問　題
　リスニング……………………………………… 42
　筆　記…………………………………………… 45
　　　解答時間：計120分
　　　配点：リスニング100点，筆記100点

解答と解説
　リスニング……………………………………… 52
　筆　記…………………………………………… 63

リスニング （⇨解答と解説52頁）

1　中国語を聞き，(1)～(10)の問いの答えとして最も適当なものを，それぞれ①～④の中から1つ選び，その番号を解答欄にマークしなさい。　　　　　（50点）

メモ欄

(1)　①　②　③　④

(2)　①　②　③　④

(3)　①　②　③　④

(4)　①　②　③　④

(5)　①　②　③　④

42

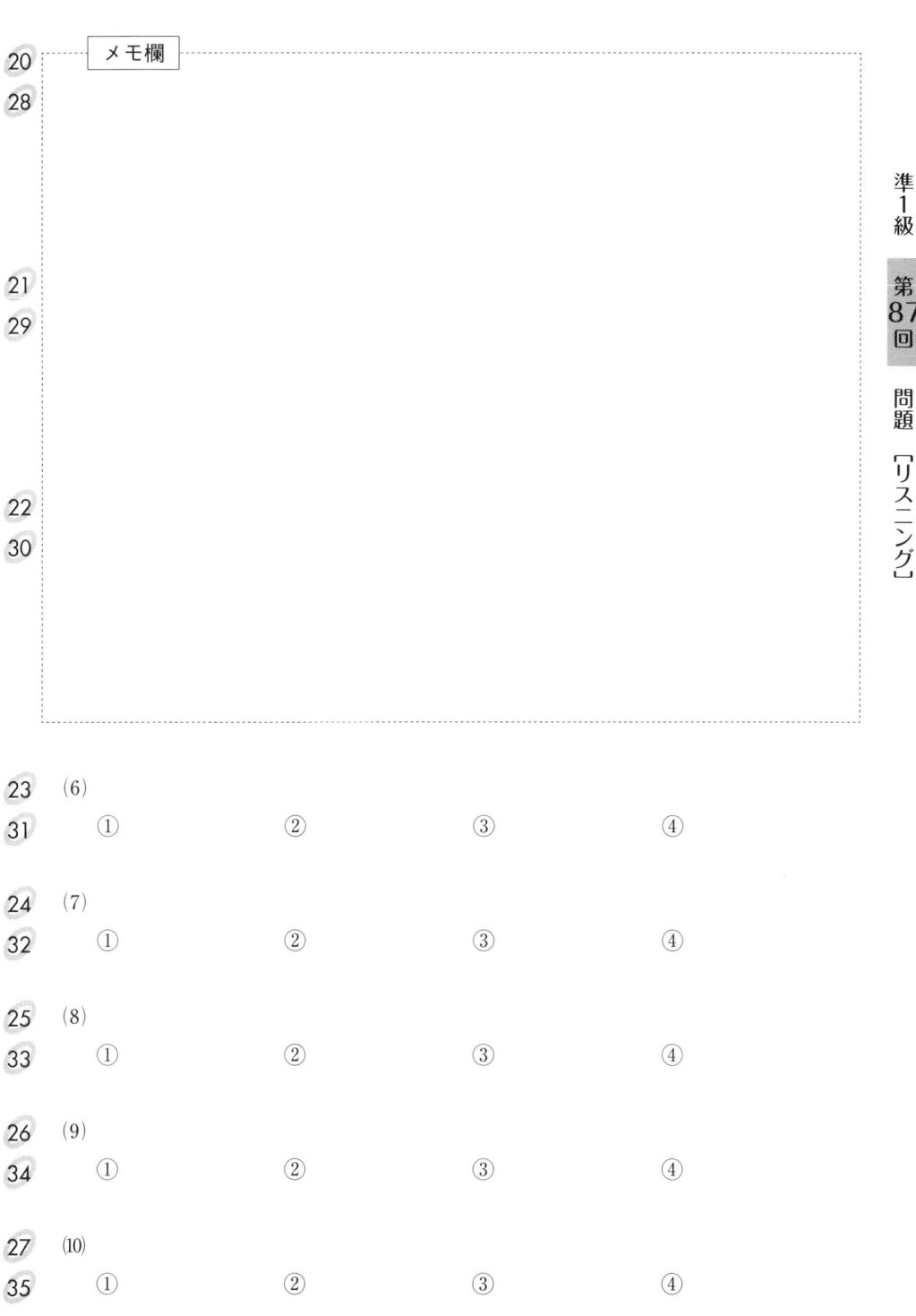

準1級 第87回 問題 [リスニング]

```
┌─ メモ欄 ──────────────────────────┐
│                                  │
│                                  │
│                                  │
│                                  │
│                                  │
│                                  │
│                                  │
└──────────────────────────────────┘
```

(6) ① ② ③ ④

(7) ① ② ③ ④

(8) ① ② ③ ④

(9) ① ② ③ ④

(10) ① ② ③ ④

43

② はじめに中国語の文章を読みます。続いて文章の中から5か所を選んで読みますので、その5か所を漢字で解答欄に書きなさい。　　　　　　　　　　（50点）

メモ欄

筆　記　（⇨解答と解説63頁）

1. 次の文章を読み，(1)～(10)の問いの答えとして最も適当なものを，それぞれ①～④の中から１つ選び，その番号を解答欄にマークしなさい。　　　　　　　　　（20点）

　早就听说英国人爱投诉，在我们看来　(1)　的小事，他们都会义无反顾地投诉。在英国的一次投诉经历，让我对英国的"投诉文化"有了更为　(2)　而深刻的认识。

　我在一个(3)奢侈品折扣店买了双皮鞋，虽然　(4)　的是三折特价，依然花了100英镑。试穿时感觉很好，回去后才发现，走路时间一长，脚背就会被磨出泡来。经过仔细检查，终于找出症结所在，原来是因为鞋的内空高度比我的脚背高度略低。我实在无法忍受那种折磨，于是　(5)　起勇气到店里要求退货。店员看看我的收据，又看了看那双皮鞋，说："对不起，你买的是特价商品，我们已经明确写明，只有在没有使用的情况下，才能在半个月之内全额退款。现在你的鞋子已经有了明显的磨损，　(6)　要扣除一部分折旧费，只能退还给您50英镑。"我自知理亏，只好勉强接受。

　我对英国朋友琳达说起这事，她听了之后说："明明是因为鞋子的问题让你的脚受到了伤害。你应该去投诉他们，不能被他们的　(7)　左右。"琳达帮我写好了投诉信，连同我脚上水泡的照片以及退鞋的收据一起寄到了消费者委员会，并逐条指出他们的做法对消费者的不合理之处，要求他们全额退款并给予赔偿。

　我本来对这个"不合理"的投诉不抱希望，因为商店的做法在情理之中。可是，三天之后我不仅收到了鞋厂寄来的道歉信和50英镑，还收到了那家店送给我的一张打折券。

　朋友说，在英国投诉是一种文化。但是，人们投诉的目的不是为了索赔(8)讹诈，也不是为了故意找碴儿泄愤。英国人认为，投诉是为了提醒生产方和卖方不断完善产品和服务品质。　(9)　，投诉不仅可以维护消费者的利益，更有利于商家的长远发展。

(1) 空欄(1)を埋めるのに適当なものは，次のどれか。
　　① 鸡毛蒜皮　　② 画蛇添足　　③ 鼠目寸光　　④ 九牛一毛

(2) 空欄(2)を埋めるのに適当なものは，次のどれか。
　　① 活泼　　② 灵活　　③ 鲜活　　④ 鲜艳

(3) 下線部(3)の正しいピンイン表記は，次のどれか。
　　① shěchì　　② shēchǐ　　③ shēchí　　④ shéchì

(4) 空欄(4)を埋めるのに適当なものは，次のどれか。
　　① 享受　　② 分享　　③ 蒙受　　④ 承受

(5) 空欄(5)を埋めるのに適当なものは，次のどれか。
　　① 激　　② 鼓　　③ 吹　　④ 发

(6) 空欄(6)を埋めるのに適当なものは，次のどれか。
　　① 但是　　② 而且　　③ 甚至　　④ 因此

(7) 空欄(7)を埋めるのに適当なものは，次のどれか。
　　① 无理取闹　　② 理所当然　　③ 理屈词穷　　④ 强词夺理

(8) 下線部(8)の正しいピンイン表記は，次のどれか。
　　① chízhà　　② ězhá　　③ ézhà　　④ chǐzhá

(9) 空欄(9)を埋めるのに適当なものは，次のどれか。
　　① 实际　　② 其实　　③ 事实　　④ 实话

(10) 本文の内容と**一致しないもの**は，次のどれか。
　　① 开始时我并没有想投诉那家奢侈品折扣店。
　　② 我退的货，完全符合商店全额退款的要求。
　　③ 投诉那家奢侈品折扣店时，我没想到会赢。
　　④ 英国人认为投诉对商家和厂家也有好处。

2 (1)～(10)の中国語の空欄を埋めるのに最も適当なものを，それぞれ①～④の中から1つ選び，その番号を解答欄にマークしなさい。 (20点)

(1) 你瞧瞧你，不就是少拿半个月的奖金嘛，（　　　）这么难过吧。
　　① 不至于　　② 不敢当　　③ 不像话　　④ 不对劲

(2) 老李家的儿子越来越有（　　　）了，刚毕业三年就当上了部门经理。
　　① 出路　　② 出息　　③ 出众　　④ 出头

(3) 那家西餐馆换了老板后装修得富丽堂皇，非常（　　　）。
　　① 豪迈　　② 气盛　　③ 气派　　④ 豪爽

(4) 这么多年过去了，你这喜欢（　　　）人的毛病怎么一点儿都没改啊？
　　① 挖掘　　② 挖苦　　③ 尖刻　　④ 刻苦

(5) 这篇文章写得很好，（　　　），主题突出。
　　① 开门见山　　② 光天化日　　③ 口无遮拦　　④ 明目张胆

(6) 真没想到当初爱得那么（　　　）的两个人，竟然说分手就分手了。
　　① 洋洋洒洒　　② 红红火火　　③ 浩浩荡荡　　④ 轰轰烈烈

(7) 以前没遇到过这种情况，谁也（　　　）这个办法行不行。
　　① 吃不消　　② 吃不开　　③ 吃不准　　④ 吃不来

(8) 你早饭一定要好好吃，不能瞎（　　　）。
　　① 支应　　② 对应　　③ 托付　　④ 对付

(9) 他三言两语就把上访者给（　　　）走了。
　　① 激发　　② 打发　　③ 回归　　④ 归还

(10) 这个工作非常重要，你（　　　）本周内完成吧。
　　① 争夺　　② 争取　　③ 取得　　④ 收拾

3 (1)～(8)の中国語の下線を付した語句の説明として最も適当なものを，それぞれ①～④の中から1つ選び，その番号を解答欄にマークしなさい。　　　　(16点)

(1) 你们这伙人在这里可都是<u>人云亦云</u>啊！
　　① 形容能力一样。
　　② 形容人非常多。
　　③ 形容没有主见。
　　④ 形容步调一致。

(2) 他最擅于干那些<u>鸡蛋里挑骨头</u>的事儿了。
　　① 比喻做没有意义的事情。
　　② 比喻技术水平高。
　　③ 比喻做事非常认真仔细。
　　④ 比喻故意挑毛病。

(3) 几年不见，没想到他也<u>成气候</u>了。
　　① 比喻取得成就，有发展前途。
　　② 比喻做事大气，办事情利落。
　　③ 比喻脾气很大，非常暴躁。
　　④ 比喻变化无常，不可捉摸。

(4) 他那个人啊，就是这样，<u>听见风就是雨</u>。
　　① 比喻只听到一点儿传闻就当成真的。
　　② 比喻听到点儿消息就立即采取行动。
　　③ 比喻一有点儿什么事情就静不下心来。
　　④ 比喻一听到点儿什么就能预测到未来。

(5) 仔细想想他也真不容易，这么多年一直在跑龙套。
　　① 比喻做事有名无实，得不偿失。
　　② 比喻在人手下做无关紧要的事。
　　③ 比喻和有势力的人拉关系、套近乎。
　　④ 比喻打着漂亮的旗号到处推销自己。

(6) 你说，老王这次是不是给别人当了垫脚石?!
　　① 比喻牺牲自己帮助别人进步的人。
　　② 比喻被其他人利用来向上爬的人。
　　③ 比喻被人踩在脚下受人欺负的人。
　　④ 比喻给别人制造困难和障碍的人。

(7) 他在我们公司最会投机取巧了，谁也比不了。
　　① 表示利用时机和不正当的手段谋取私利。
　　② 表示头脑灵活善于抓住机会和把握时机。
　　③ 表示善于用最小的投资获取最大的利益。
　　④ 表示善于观察并能及时发现并解决问题。

(8) 那家新开张的店卖的都是大路货。
　　① 指生活中不可缺少的商品。
　　② 指质量好价格不贵的货物。
　　③ 指质量一般而销路广的货物。
　　④ 指有利健康的绿色环保商品。

4 次の文章を読み，ピンインで表記されている語句(ア)・(イ)を漢字に改め，解答欄(1)に書きなさい。また，下線部(a)～(c)を日本語に訳し，解答欄(2)に書きなさい。

(24点)

　　我有一个朋友，她本来是个亲切和善的人，说话(ア) màntiáo-sīlǐ 的。可最近一年多来，她整个人都变了，变得很焦躁，说话急，一点耐心也没有。我问她到底遭遇了什么天灾人祸，她晃晃手里的智能手机，长叹一声，"还不是因为它。"(a)原来，一年前她顺应潮流开了个微博，玩得如鱼得水、乐此不疲，可她却从此告别了从容的人生。从前等车时会欣赏一下路边的风景，现在只是捧着手机不停地刷刷刷；以前在餐厅吃饭的时候，每上一道菜她都会品评一下菜式、色泽，现在只是拿着手机拍拍拍，然后发发发。从前她和朋友们面对面交流读书心得，现在互相给对方看微博的新段子，一起哈哈大笑……她的生活已经彻底被微博给绑架了。

　　(b)我说你可以自己控制自己啊。她苦笑说，我倒是想克制，可有时候真是身不由己啊。微博上的"绑匪们"会问：这个女孩得了白血病，你给转了，那个男孩生了肿瘤，你为什么不转？为什么要(イ) hòucǐ-bóbǐ？难道你做好人也要挑拣？你到底是什么标准？

　　关于微博，曾经有人做过一个生动的描绘："早晨起来看微博，很容易让人产生一种皇帝批阅奏章、君临天下的幻觉。国家大事潮水般地涌来，需要迅速作出各种判断。(c)每个人心中都藏着一个踌躇满志、披星戴月上朝理政的皇帝，微博把人的这种情结激活了。"

　　作为一个微博的老用户，我告诉她，微博其实和参禅一样，要修炼到这种境界：看山还是山，看水还是水，看微博，终究不过就是个微博罢了，它代表不了舆论，更折射不了整个社会。看透了，想开了，你就给自己松绑了。

[5] (1)・(2)の日本語を中国語に訳し，解答欄に書きなさい。　　　　　　　　　　(20点)

(1) 一つの社会体制の形成にはむろん多くの優れた人物による創造が不可欠だが，社会の安定を持続させ，文化の尊厳と品格を維持させるには，多くの普通の人々の黙々とした貢献と犠牲を必要とする。

(2) 新年が来るたびに私はその年の計画を一つ立て，真新しい気持ちで年を迎える。例えば，今年は必ず禁煙するぞ，或いは絶対外国語を一つものにしてやるぞなどと。しかしこのような計画は言うは易く行うは難しで，往々にしてひと月もたたないうちにうやむやになってしまう。

リスニング （⇨問題42頁）

1 600字程度の2つの文章を聞き，内容についての問い5問ずつに答えます。ポイントとなる内容を聞き取り，全体の趣旨をつかむ能力を問います。(各5点)

解答：(1)❹ (2)❸ (3)❶ (4)❸ (5)❷ (6)❹ (7)❷ (8)❶ (9)❸ (10)❶

(1)～(5)の中国語

04　阿强在一家大公司工作。论文凭他有博士学位，论才干他设计能力突出，刚进公司时很得上司的赏识。可五年后，比他晚进公司的人都陆续得到了提拔 (tíbá) 和重用，阿强还是一个小小的科员。究其原因，就在于他只知道钻研技术，不太懂得如何跟人交往，用现在流行的话说就是情商太低。比如，他经常在会上毫不留情地指出上司工作中的过失，当然他说的不错，但人都要面子，时间长了，上司就渐渐不喜欢他了。阿强觉得很多时候上司是在故意刁难 (diāonàn) 自己，最后，他决定辞职。

05　交辞职信时阿强遇见了隔壁部门的刘经理，两人虽然不太熟，阿强还是微笑着跟刘经理打了个招呼。刘经理看见阿强手上的辞职信，一脸的惊讶，对他说："如果你另有高就，那恭喜你。如果是因为你们部门的主管，那你可要考虑一下。在公司里你一定要学会把自己变成水，学会与人交往的技巧，这样你才有事业发展的基础。"

06　阿强被震动了。他撕掉了辞职信，重新回到岗位上，试着改变自己为人处世的方式，比如阿强会悄悄地提醒上司注意其工作的过失，并注意尽量把话说得柔和不伤人，慢慢地和上司的关系也不那么紧张了。一年后，阿强因为业务突出又加上上司的推荐，被总公司调去组建分公司，并担任负责人。虽然阿强从没有亲口对刘经理说声谢谢，但刘经理的话阿强永远记在心中，他对刘经理非常感激。

论：介 …について言えば
文凭：名 卒業証書
赏识：動（多く目下の）人の才能や作品の価値を認める。ここでは名詞として用いられている
情商：名 心理学で言う情緒指数。EQ。"智商"（知能指数。IQ）を基にした言葉
刁难：動 難癖をつける

一脸的惊讶：顔中の驚き。"一"は「数…いっぱいの」。"惊讶"（形驚いている。不思議に思っている）は名詞として用いられている

高就：動よりよい仕事やポストに変わる。他人のことについて言う敬語としても用いる

訳：阿強はある大企業で働いている。学歴はというと博士の学位を持っており，能力はというと設計能力が突出していたので，入社した当初は大いに上司のお眼鏡にかなっていた。しかし5年後，彼より遅くに入社した人が皆続々と抜擢されたり重要な地位に就けられたりしているのに，阿強は平社員のままだ。その原因を突き止めるに，彼はただ技術の研鑽(けんさん)を気にするのみで，人といかに付き合うかをあまり理解していないということにあり，今流行の言葉で言えば情緒指数が低すぎるのだ。例えば，彼はしょっちゅう会議で上司の仕事上のミスを情け容赦なく指摘する。もちろん彼の言っていることは間違ってはいないが，人にはメンツというものがある。時間が経つにつれ，上司はだんだん彼を嫌うようになった。阿強は，多くの場合，上司は故意に難癖をつけているのだと思い，ついには辞職を決意した。

辞職届を提出するとき，阿強は隣の部署の劉部長に出会った。二人はあまり親しい間柄ではなかったが，阿強はほほえんで劉部長にあいさつをした。劉部長は阿強が手にしている辞職届を見て，驚いた表情で彼に言った。「もし君が他によい職を見つけたなら，おめでとうと言うよ。もし君たちの部門の責任者が原因なら，ちょっと考えるべきだ。会社では必ず自分を水に変えることを修得し，人付き合いのテクニックを修得しなくてはならない。そうしてはじめて君の仕事が発展する基礎ができるんだ。」

阿強はショックを受けた。彼は辞職届を破り捨て，もう一度職務に戻ると，自分の処世術を改めようと試みた。例えば，阿強は上司が仕事のミスに注意するようそっと促し，同時にできるだけ話し方を柔らかくして人を傷つけないように気をつけると，徐々に上司との関係もそれほど緊張したものではなくなった。1年後，阿強は業績が突出していることに加えて上司の推薦も得て，本社から支社の立ち上げに異動し，その上責任者に任命された。阿強は一度も直接劉部長にお礼を言ったことはなかったが，劉部長の言葉を阿強は永遠に心に刻み，劉部長に非常に感謝している。

07 (1) 問：阿强为什么得不到重用和提拔？

(阿強はなぜ重要な地位につけられたり抜擢されたりしないのか。)

答：① 因为他虽然工作能力很强，但学历却不是很高。

（仕事の能力はとても高いが，学歴が高くはないため。）
　② 因为他虽然有博士学位，但实际工作能力很差。
　　　（博士の学位はあるけれど，実務能力が劣るため。）
　③ 因为他只知道埋头钻研技术，不知道现在流行什么。（技術の研鑽ばかりに気をとられ，今何がはやっているのか分かっていないため。）
　❹ 因为他虽然工作能力很强，但和人交往的能力太差。
　　　（仕事の能力はとても高いけれど，情緒指数が著しく劣るため。）

> 3行目"究其原因，就在于他只知道钻研技术，不太懂得如何跟人交往，用现在流行的话说就是情商太低"（その原因を突き止めるに，彼はただ技術の研鑽を気にするのみで，人といかに付き合うかをあまり理解していないということにあり，今流行の言葉で言えば情緒指数が低すぎるのだ）とあり，"其"は2行目"可五年后，比他晚进公司的人都陆续得到了提拔和重用，阿强还是一个小小的科员"（5年後，彼より遅くに入社した人が皆続々と抜擢されたり重要な地位につけられたりしているのに，阿强は平社員のままだ）を指すので，④を選びます。

08 (2) 問：刘经理跟想辞职的阿强说了些什么？
　　　（劉部長は辞職したいと思っていた阿强に何と言ったか。）
　答：① 恭喜阿强找到了一家更好的公司。
　　　（よりよい会社を見つけておめでとうと言った。）
　② 建议阿强好好儿和自己的上司谈谈。
　　　（上司とよく話してみるようにアドバイスした。）
　❸ 告诉阿强学会如何跟人交往非常重要。
　　　（人付き合いを修得することはたいへん重要だと話した。）
　④ 提醒阿强考虑一下如何把自己变成主管。（いかにして自分を責任者に変えるかちょっと考えてみるようにと忠告した。）

> 9行目"刘经理看见阿强手上的辞职信，一脸的惊讶，对他说：'如果你另有高就，那恭喜你。如果是因为你们部门的主管，那你可要考虑一下。在公司里你一定要学会把自己变成水，学会与人交往的技巧，这样你才有事业发展的基础。'"（劉部長は阿强が手にしている辞職届を見て，驚いた表情で彼に言った。「もし君が他によい職を見つけたなら，おめでとうと言うよ。もし君たちの部門の責任者が原因なら，ちょっと考えるべきだ。会社では必ず自分を水に変えることを修得し，人付き合いのテクニックを修得しなくて

はならない。そうしてはじめて君の仕事が発展する基礎ができるんだ。」)から，③を選びます。

09 (3) 問：阿强听了刘经理的话后，做了些什么？
（阿强は劉部長の言葉を聞いた後，どうしたか。）
答：❶ 回到了原部门，努力改变自己的处事方法。
（元の部署に戻り，自分の事に当たる方法を改める努力をした。）
② 重新回到岗位上，尽量注意不和上司说话。
（改めて職場に戻り，上司と話をしないようにできるだけ気をつけた。）
③ 辞职了，到了一个新的工作岗位重新开始。
（辞職して，新しい職場の持ち場で再スタートした。）
④ 撕掉了原来的辞职信，又重新写了一封。
（最初の辞職届を破り捨てて，改めて1通書いた。）

13行目 "他撕掉了辞职信，重新回到岗位上，试着改变自己为人处世的方式"（彼は辞職届を破り捨て，もう一度職務に戻ると，自分の処世術を改めようと試みた）から，①を選びます。

10 (4) 問：一年后，阿强发生了什么变化？
（1年後，阿强にはどのような変化があったか。）
答：① 因为业务突出，接替了上司的位置被提升为原部门经理。
（業績が突出していたので，上司に代わって元の部署の長に昇格した。）
② 和上司的关系好起来，和主管一起被调到了总公司重用。（上司との関係がよくなってきて，責任者と一緒に本社の重要なポストに異動した。）
❸ 经过上司的推荐，去总公司担任组建分公司的领导了。
（上司の推薦を得て，本社に行き支社立ち上げの指揮官になった。）
④ 经刘经理的推荐，去刘经理的部门担任小组负责人了。
（劉部長の推薦で，劉部長の部署に行きグループの責任者になった。）

15行目 "一年后，阿强因为业务突出又加上上司的推荐，被总公司调去组建分公司，并担任负责人"（1年後，阿强は業績が突出していることに加えて上司の推薦も得て，本社から支社の立ち上げに派遣され，その上責任者に任命された）から，③を選びます。

11 (5) 問：与本文内容不相符的是以下哪一项？
（本文の内容に合わないものは，次のどれか。）
① 阿强学历很高，但是不善于处理人际关系。
（阿強は学歴は高いが，人間関係を築くのは苦手だった。）
❷ 刘经理是阿强的好朋友，所以特别关心阿强。
（劉部長は阿強のよい友人だったので，阿強をたいへん気にかけていた。）
③ 其实，阿强在心里是一直非常感谢刘经理的。
（本当は，阿強は心の中でずっと劉部長に非常に感謝していた。）
④ 阿强被总公司重用并不只是因为业务能力强。（阿強が会社に重用されたのは，業務遂行能力が高かったからばかりではない。）

> 8行目"交辞职信时阿强遇见了隔壁部门的刘经理，两人虽然不太熟"（辞職届を提出するとき，阿強は隣の部署の劉部長に出会った。二人はあまり親しい間柄ではなかった）から，②を選びます。

(6)〜(10)の中国語

20　　随着孩子们手里的压岁钱越来越多，许多家长开始注意通过压岁钱培养孩子的理财能力了。为了满足顾客的需要，近年来许多银行相继推出了儿童用的银行卡。家长只要带上自己的身份证和户口本就可为16周岁以下的孩子办银行卡，孩子无需亲自到场。孩子可以用自己的银行卡存款，并在一定金额内取款、刷卡消费。

21　　家长也可以和孩子的账户建立亲子账户关系。这样家长通过自己的账户就可以清楚地了解孩子账户的变动情况，也可以给孩子转账。另外，为了防止孩子乱花钱，家长可以设定儿童银行卡的取款、消费限额。

　　儿童银行卡刚推出时受到了家长们的欢迎，但如今人气却大打折扣。其最主要的原因是，和大人的银行卡相比，儿童卡的业务范围非常有限。比如，大部分银行的儿童卡不能开通网上银行，也不能购买理财产品。让儿童银行卡陷入（xiànrù）尴尬（gāngà）境地的另一原因是，曾经是儿童卡最大魅力的教育储蓄已经不合时宜了。

22　　儿童卡的教育储蓄分为一年、三年、六年的三种，最低起存金额50元，最高限额为2万元。和一般储蓄相比，教育储蓄免利息税。但随着教育费用的不断上升，2万元的最高储额只够支付高中三年间的学费。而且，现在收益率大大高于教育储蓄的理财产品也越来越多了。除了业务功能不全外，部分银行

的儿童卡每年还要收取10元的会费。这也影响了家长给孩子办卡的积极性。

　转账：動（現金ではなく）帳簿上で決済する。振替勘定をする

　尴尬：形立場が苦しい

訳：子供たちが手にするお年玉の額がますます多くなるにつれ，多くの保護者たちはお年玉を通じて子供の資産運用能力を育むことに注意を向け始めた。顧客の需要を満たすために，近年多くの銀行が子供向けの銀行カードを相次いで世に送り出している。保護者は自分の身分証明書と戸籍台帳を持って行きさえすれば，16歳以下の子供に銀行カードを作ってやることができ，子供自身が行く必要はない。子供たちは自分の銀行カードで貯金をすることができ，一定の金額内であれば現金の引き出しやカードでの買い物ができる。

保護者も子供の口座と親子口座関係を結ぶことができる。そうすることによって，保護者は自分の口座を通じて子供の口座の変動状況をつぶさに把握することができ，また子供に振り込みをしてやることもできる。その他，子供の無駄遣いを防ぐために，保護者は児童銀行カードの引き出し限度額や消費限度額を設定することもできる。

児童銀行カードが出たばかりの頃は保護者に歓迎されたが，今では人気は大幅に下がっている。その最も大きな原因は，大人の銀行カードと比べて，児童カードのサービス内容はたいへん制限されているということである。例えば，大部分の銀行の児童カードはネットバンキングを開設することができず，財テク商品を購入することもできない。児童銀行カードを苦しい状況に陥らせたもうひとつの原因は，かつて児童カードの最大の魅力だった教育貯蓄がもう時代にそぐわなくなったということである。

児童カードの教育貯蓄は1年，3年，6年の3タイプがあり，口座開設時の最低預金額は50元，最高限度額は2万元である。一般の貯蓄に対して，教育貯蓄は利息税が免除される。しかし，教育費の止まらぬ上昇に従い，2万元の最高貯蓄額は高校3年間の学費を支払う分にしか足りず，しかも，今や収益率が教育貯蓄よりはるかに高い財テク商品もますます多くなってきている。サービス内容が充実していないだけでなく，一部の銀行の児童カードは10元の年会費を徴収している。これも保護者が子供のために積極的にカードを作ることに影響を及ぼしている。

23 (6) 問：促使银行推出儿童卡的直接原因是什么？

　　　（銀行に児童カードを世に送り出させた直接の原因は何か。）

答：① 孩子们想锻炼自己的理财能力。
　　　（子供たちが自分の資産運用能力を鍛えたいと思っていたこと。）
　　② 孩子们想独自管理自己的压岁钱。
　　　（子供たちが自分のお年玉を自己管理したいと思っていたこと。）
　　③ 家长们想和孩子一起管理压岁钱。
　　　（保護者たちが子供と一緒にお年玉を管理したいと思っていたこと。）
　　❹ 家长们想培养孩子的金钱管理能力。
　　　（保護者たちが子供の金銭管理能力を育みたいと思っていたこと。）

> 1行目"许多家长开始注意通过压岁钱培养孩子的理财能力了。为了满足顾客的需要，近年来许多银行相继推出了儿童用的银行卡"（多くの保護者たちはお年玉を通じて子供の資産運用能力を育むことに注意を向け始めた。顧客の需要を満たすために，近年多くの銀行が子供向けの銀行カードを相次いで世に送り出している）から，④を選びます。

24 (7) 問：父母为孩子办理儿童卡的时候需要什么？
　　（親は子供のために児童カードを作るとき，何が必要か。）
答：① 要带孩子的身份证、户口本，而且孩子必须在场。（子供の身分証明書と戸籍台帳を持参しなくてはならず，しかも子供がその場にいる必要がある。）
　　❷ 要带父母的身份证、户口本，但是孩子无需在场。（親の身分証明書と戸籍台帳を持参しなくてはならないが，子供がその場にいる必要はない。）
　　③ 要带父母和孩子的身份证、户口本，孩子无需到场。（親と子供の身分証明書と戸籍台帳を持参しなくてはならないが，子供がその場にいる必要はない。）
　　④ 要带家长本人的身份证、户口本，孩子也必须在场。（保護者本人の身分証明書と戸籍台帳を持参する必要があり，子供もその場にいる必要がある。）

> 3行目"家长只要带上自己的身份证和户口本就可为16周岁以下的孩子办银行卡，孩子无需亲自到场"（保護者は自分の身分証明書と戸籍台帳を持って行きさえすれば，16歳以下の子供に銀行カードを作ってやることができ，子供自身が行く必要はない）から，②を選びます。

25 (8) 問：儿童卡没有刚推出时那样受欢迎的主要原因是什么？
（児童カードが出たばかりの頃ほど歓迎されていない主な理由は何か。）

答：❶ 人们逐渐发现儿童卡的业务功能不齐全。（人々はしだいに児童カードのサービス内容が充実していないことに気づいたから。）

② 家长发现儿童卡也无法防止孩子乱花钱。（保護者は児童カードでも子供の無駄遣いを防ぐことはできないと気づいたから。）

③ 人们逐渐发现孩子们的消费额度非常大。（人々はしだいに子供たちの消費額が非常に大きいことに気づいたから。）

④ 家长们发现儿童卡的年费金额太高了。
（保護者たちは児童カードの年会費が高すぎることに気づいたから。）

9行目 "儿童银行卡刚推出时受到了家长们的欢迎，但如今人气却大打折扣。其最主要的原因是，和大人的银行卡相比，儿童卡的业务范围非常有限"（児童銀行カードが出たばかりの頃は保護者に歓迎されたが，今では人気は大幅に下がっている。その最も大きな原因は，大人の銀行カードと比べて，児童カードのサービス内容はたいへん制限されているということである）から，①を選びます。

26 (9) 問：为什么说儿童卡的教育储蓄不合时宜了？
（なぜ児童カードの教育貯蓄は時代にそぐわなくなったのか。）

答：① 因为教育储蓄种类太少以及利息太低。
（教育貯蓄の種類が少なすぎるし，利息が低すぎるから。）

② 因为储蓄额度太高以及储蓄时间太长。
（貯蓄限度額が高すぎるし，貯蓄期間が長すぎるから。）

❸ 因为高中的教育费用提高，但存款金额有限。
（高校の教育費は値上がりしたが，貯金額には限度があるから。）

④ 因为银行的教育储蓄也要收取一定的利息税。
（銀行の教育貯蓄も一定の利息税を徴収されるから。）

15行目 "随着教育费用的不断上升，2万元的最高储额只够支付高中三年间的学费"（教育費の止まらぬ上昇に従い，2万元の最高貯蓄額は高校3年間の学費を支払う分にしか足りず）から，③を選びます。

27 (10) 問：与本文内容不相符的是以下哪一项？
（本文の内容に合わないものは，次のどれか。）

答：❶ 教育储蓄也需要交纳一定的利息税。
　　（教育貯蓄も一定の利息税を納めなくてはならない。）
　② 不是所有的儿童卡都不能开通网上银行。(すべての児童カードがネットバンキングを開設することができないわけではない。)
　③ 孩子可以用儿童卡存、取款、刷卡消费。
　　（子供は児童カードで貯金，引き出し，カードでの買い物ができる。）
　④ 家长可以通过儿童卡了解孩子的消费情况。
　　（保護者は児童カードを通じて子供の消費状況を把握することができる。）

15行目"和一般储蓄相比，教育储蓄免利息税"（一般の貯蓄に対して，教育貯蓄は利息税が免除される）と合わないので，①を選びます。

2　500字程度の文章を聞いた後，指定された5か所の文を漢字で書き取ります。全体の内容を理解しながら，正しく漢字で書く能力を問います。　（各10点）

37　　我常常想，我这一辈子最幸福、最快乐的是什么时候？(1)就是在下雪的夜晚，躺在被窝里，在柔和的灯光下，读一本非常喜爱的书，这份舒展、这份惬意 (qièyì) 是无可比拟 (wúkě-bǐnǐ) 的。

　　读书其实是一件非常寂寞、非常孤独的事情，但也是一件乐事。古人独上高楼，望尽天涯路 (tiānyálù)，他们隐居读书，他们的内敛 (nèiliǎn)、博学、明辨，被誉为古人风。

38　　时代在发展，有古人风的人们走得远了；(2)今天让人目不暇接的社会生活，以及越来越快的节奏，导致人人都很忙、很躁，每个人的压力都很大，读书的时间越来越少。在一切都电子化的时代，还有一部分"傻"文人，在坚守自己读书和写作的阵地，(3)但他们写出的作品却可能读者非常有限，这使写作这一行业变得非常悲壮。

　　今天的我们，什么都可以在网上阅读，什么都可以快递。(4)距离的阻隔在今天已经被消除了，读万卷书，行万里路，在当今 (dāngjīn) 已经不是难事。但我们沉静的心态、文化的韵味 (yùnwèi)、人格的操守，却被淡化了。民族文化需要积累，它不是一个时代所能完成的，它的主要部分永远埋在历史中，藏于书籍里。发掘、传承、发展，是我们的责任。

39　　在这个电子化的时代，我们还是要抽出点时间读书。书是不老的东西，(5)书是中外圣贤留给我们的恩赐 (ēncì)，不读书，就不知道敬畏 (jìngwèi)，就

<u>不知道感恩。</u>让我们保留一个睡前阅读的习惯，哪怕是短暂的半个小时，以此来增添我们生活的乐趣，提高我们生命的质量。

- 被窝：名 掛け布団，特に寝るときに両側と足元を内側に折り畳んだ状態のもの
- 惬意：形 満足である。この前の"舒展"とともに，ここでは名詞として用いられている
- 无可比拟：成 何物にも比べられない
- 古人独上高楼，望尽天涯路：清代の文学者，王国維の学問理論〈读书三境界〉の一節。そこでは，学問の第一段階として「広く書物を読む」ことを表す意味で述べられている
- 隐居：動 世俗を離れ住む
- 内敛：形 慎み深い。ここでは名詞として用いられている
- 明辨：明らかにする。はっきりさせる。ここでは名詞として用いられている
- 目不暇接：成 目まぐるしい
- 快递：名 宅配便会社。"特快专递"の略。ここでは「宅配する」という意味の動詞として用いられている

訳：私は，我が人生でもっとも幸せで楽しいのはどんなときだろう，とよく考える。<u>(1)それは，雪の降る夜，布団にくるまり，やわらかな明かりの下で大好きな本を読んでいるときで，このゆったりとした心地，満たされた気持ちは何物にも比べられない。</u>

読書は本当は非常に寂しく孤独なことであるが，楽しいことでもある。古人は独り高楼に登り，天地の果てを眺め，世俗を離れて隠れ住み書を読んだが，彼らの慎み深さ，博学，明察は古人の風格と称えられている。

時代は発展しており，古人の風格がある人は遠くなってしまった。<u>(2)今日の目まぐるしい社会生活，さらにますます加速していくリズムは，人々に忙しさと焦りをもたらし，</u>一人ひとりのプレッシャーはとても大きく，読書の時間はますます少なくなっている。すべて電子化の時代に，まだ一部の「愚直な」文人が自らの読書と創作の陣地を堅く守っているが，<u>(3)しかし彼らが書く作品は読者がたいへん限られており，それが創作という仕事を非常に悲壮なものにしている。</u>

今日の我々は，何でもネットで閲読でき，何でも宅配できる。<u>(4)距離の隔たりは今日では解消され，万巻の書を読み，万里の道を行くことは，今ではもはや難しいことではない。</u>しかし私たちの落ち着いた心理状態や文化的情緒，人格の気高さは，弱まってしまった。民族文化は蓄積を必要とし，一時代で完成されるものではなく，その核となる部分は永遠に歴史に埋もれ，書籍の中に隠

される。それを発掘し，伝承し，発展させるのは，私たちの責任だ。

　この電子化の時代に，私たちはやはり時間を捻出して読書をしなくてはならない。本とはいつまで老いないものであり，(5)本とは内外の聖賢が私たちに残してくれた恩恵だ。読書しなければ，畏敬の念を解さないということであり，感謝の情を解さないということなのだ。寝る前の読書の習慣を持ち続けていこうではないか。たとえわずか30分であっても，それによって私たちの生活の楽しみが増し，私たちの命の質が高まるのだ。

㊵ (1) 就是在下雪的夜晚，躺在被窝里，在柔和的灯光下，读一本非常喜爱的书，

㊶ (2) 今天让人目不暇接的社会生活，以及越来越快的节奏，导致人人都很忙、很躁，

㊷ (3) 但他们写出的作品却可能读者非常有限，这使写作这一行业变得非常悲壮。

㊸ (4) 距离的阻隔在今天已经被消除了，读万卷书，行万里路，在当今已经不是难事。

㊹ (5) 书是中外圣贤留给我们的恩赐，不读书，就不知道敬畏，就不知道感恩。

筆 記 （⇨問題45頁）

1. 800字程度の文章を読み，流れをつかんで適当な語句を補う7問，正しいピンインを選ぶ2問，内容の理解を問う1問に答えます。語句の知識と読解力を問います。
(各2点)

解答：(1)❶　(2)❸　(3)❷　(4)❶　(5)❷　(6)❹　(7)❹　(8)❸　(9)❷　(10)❷

　　早就听说英国人爱投诉，在我们看来 (1)鸡毛蒜皮 的小事，他们都会义无反顾地投诉。在英国的一次投诉经历，让我对英国的"投诉文化"有了更为 (2)鲜活 而深刻的认识。
　　我在一个(3)奢侈 shēchǐ 品折扣店买了双皮鞋，虽然 (4)享受 的是三折特价，依然花了100英镑(yīngbàng)。试穿时感觉很好，回去后才发现，走路时间一长，脚背就会被磨出泡来。经过仔细检查，终于找出症结(zhēngjié)所在，原来是因为鞋的内空高度比我的脚背高度略低。我实在无法忍受那种折磨，于是 (5)鼓 起勇气到店里要求退货。店员看看我的收据，又看了看那双皮鞋，说："对不起，你买的是特价商品，我们已经明确写明，只有在没有使用的情况下，才能在半个月之内全额退款。现在你的鞋子已经有了明显的磨损， (6)因此 要扣除一部分折旧费，只能退还给您50英镑。"我自知理亏，只好勉强接受。
　　我对英国朋友琳达说起这事，她听了之后说："明明是因为鞋子的问题让你的脚受到了伤害。你应该去投诉他们，不能被他们的 (7)强词夺理 左右。"琳达帮我写好了投诉信，连同我脚上水泡的照片以及退鞋的收据一起寄到了消费者委员会，并逐条指出他们的做法对消费者的不合理之处，要求他们全额退款并给予赔偿。
　　我本来对这个"不合理"的投诉不抱希望，因为商店的做法在情理之中。可是，三天之后我不仅收到了鞋厂寄来的道歉信和50英镑，还收到了那家店送给我的一张打折券。
　　朋友说，在英国投诉是一种文化。但是，人们投诉的目的不是为了索赔(8)讹诈 ézhà，也不是为了故意找碴儿(zhǎochár)泄愤(xièfèn)。英国人认为，投诉是为了提醒生产方和卖方不断完善产品和服务品质。 (9)其实 ，投诉不

仅可以维护消费者的利益，更有利于商家的长远发展。

义无反顾：成道義上，前に進むしかなく，後へは引けない
更为：副ますます。書き言葉
脚背：名足の甲
症结：名問題点
折旧费：名減価償却費
理亏：「理由が足りない」から「形（行為が）道理に合っていない」
连同：接…といっしょに。並列を表す接続詞"和""跟"と同じだが，多く書き言葉で用いられる
逐条：条を追って。逐一。"逐"は「介順を追って」
索赔：動賠償請求をする
找碴儿：動あら探しをする
泄愤：動うっぷんを晴らす

訳：イギリス人は訴訟好きだと早くから聞いていたが，我々から見ると取るに足らないちっぽけな事柄を，彼らは一歩も後へ引かずに訴える。イギリスでの一度の訴訟経験は，私にイギリスの「訴訟文化」に対してますます鮮明で深い認識を抱かせた。

私はブランド品ディスカウントショップで革靴を一足買った。7割引きのお買い得ではあったが，それでも100ポンドも使った。試し履きをしたときの履き心地はよかったのだが，帰ってから，歩く時間が長くなると足の甲が擦れて水ぶくれができるということに気づいた。細かく調べたところ，ついに問題点がどこにあるかを見つけ出したのだが，なんと靴の甲の高さが私の足の甲より少し低かったためだった。私はその痛みにまったく耐えかねて，勇気を奮い起こして店に行き返品を申し出た。店員は私のレシートを見，そしてその靴を見てから言った。「申し訳ありません。お客様が買われたのはセール品でして，私どもがはっきりと記しておりますように，未使用の場合のみ半月以内であれば全額お返しいたします。今，お客様の靴はすでに明らかにすり減っていて，そのためその分を差し引かないといけませんから，50ポンドしか返金できません。」私は自分に非があることが分かったので，しぶしぶ受け入れるしかなかった。

私がイギリス人の友人のリンダにこの話をすると，彼女は聞き終わるや言った。「明らかに靴のせいで足を痛めたのよ。あなたは彼らを訴えるべきで，彼らのへりくつに左右されていてはだめよ。」リンダは私を手伝って訴状を書き，私の足の水ぶくれの写真と靴を返品したときのレシートを一緒に消費者セン

ターに郵送した。その上（訴状には）彼らのやり方が消費者に対して不合理な点を逐一列挙し，全額返金し，さらに賠償金を支払うように要求した。

　私は最初はこの「不合理」な訴えに希望を抱いてはいなかった。というのも店のやり方は常識の範囲内のものだったからだ。ところが，3日後，私は靴工場からのお詫びの手紙と50ポンドを受け取っただけでなく，店からの割引券まで受け取ったのだ。

　友人が言うには，イギリスでは訴訟は文化だそうだ。しかし，イギリス人が訴えを起こす目的は賠償金を巻き上げるためでも，あら探しをしてうっぷんを晴らすためでもない。イギリス人は，訴訟は生産する側と販売する側に，絶えず製品とサービスの質を完全なものにしていくことを意識させるためだと考えている。実は，訴訟は消費者の利益を守ることができるだけでなく，より販売店の末永い発展に益するものなのだ。

(1) 空欄補充

在我们看来□□的小事（我々から見ると取るに足らないちっぽけな事柄）

❶ 鸡毛蒜皮

（鶏の羽とにんにくの皮が軽くて小さいことから「成取るに足らない事柄」）

② 画蛇添足（成余計なことをしてダメになる）

③ 鼠目寸光（成目先の事にとらわれ，視野が狭く見識が浅い）

④ 九牛一毛（成九牛の一毛。多数の中のごく少数）

　"小事"を修飾するのに意味から適当な①を選びます。

(2) 空欄補充

更为□□而深刻的认识（ますます鮮明で深い認識）

① 活泼（形生き生きしている）

② 灵活（形敏しょうである）

❸ 鲜活（形鮮やかではっきりしている。鮮明である）

④ 鲜艳（形鮮やかで美しい）

　"认识"を形容するのに適当な③を選びます。

(3) ピンイン表記

奢侈

① shěchì

❷ shēchǐ

③ shēchǐ

④ shéchì

> 「形ぜいたくである」。ここでは"奢侈品"で「名ぜいたく品」，さらに文脈から「ブランド品」の意味。

(4) 空欄補充

虽然 ☐ 的是三折特价（7割引きのお買い得ではあったが）

❶ 享受（動享受する）

② 分享（動他の人といっしょに享受する）

③ 蒙受（méngshòu 動受ける。こうむる）

④ 承受（動〔試練や苦難を〕受け入れる）

> "三折特价"（7割引きの特価）は「私」にとってよいことであり，この買い物は一人でしているので，意味から適当な①を選びます。

(5) 空欄補充

我实在无法忍受那种折磨，于是 ☐ 起勇气到店里要求退货（私はその痛みにまったく耐えかねて，勇気を奮い起こして店に行き返品を申し出た）

① 激（動引き起こす）

❷ 鼓（動奮い起こす）

③ 吹（動吹く）

④ 发（"发起"で「動発起する」）

> "鼓起勇气"で「勇気を奮い起こす」で，決まった言い方です。

(6) 空欄補充

现在你的鞋子已经有了明显的磨损，☐ 要扣除一部分折旧费，只能退还给您50英镑（今，お客様の靴はすでに明らかにすり減っていて，そのためその分を差し引かないといけませんから，50ポンドしか返金できません）

① 但是（接しかし）

② 而且（接しかも）

③ 甚至（接甚だしきに至っては。…さえ）

❹ 因此（接そのため）

> 9行目"只有在没有使用的情况下，才能在半个月之内全额退款"（未使用の場合のみ半月以内であれば全額お返しいたします）で述べられた「原

66

因→結果」と同じ文の流れで,"现在…"では「私」が買った靴の場合について対比的に述べられています。"你的鞋子已经有了明显的磨损"(お客様の靴はすでに明らかにすり減っていて)という原因の後に結果を導くのに用いる④を選びます。

(7) 空欄補充

你应该去投诉他们,不能被他们的□左右

(あなたは彼らを訴えるべきで,彼らのへりくつに左右されていてはだめよ)

① 无理取闹（成理由なく悶着を起こす）

② 理所当然（成理にかなっている。当然である）

③ 理屈词穷（成筋が通らず,弁明する言葉がなくなる）

❹ 强词夺理（qiǎngcí-duólǐ 成へりくつをこねる）

この言葉を言ったイギリス人の友人は,「私」が"去投诉"できていないのは,"他们"(ここでは,ブランド品ディスカウントショップの人たち)がどうであるからと考えているかを考え,④を選びます。"左右"はここでは「動左右する」。

(8) ピンイン表記

讹诈

① chízhà

② ězhá

❸ ézhà

④ chǐzhá

「動(因縁をつけて金品を)巻き上げる」。

(9) 空欄補充

英国人认为,投诉是为了提醒生产方和卖方不断完善产品和服务品质。□,投诉不仅可以维护消费者的利益,更有利于商家的长远发展（イギリス人は,訴訟は生産する側と販売する側に,絶えず製品とサービスの質を完全なものにしていくことを意識させるためだと考えている。実は,訴訟は消費者の利益を守ることができるだけでなく,より販売店の末永い発展に益するものなのだ）

① 实际（名実際）

❷ 其实（副実は。本当は）
③ 事実（名事実）
④ 実话（名本当の話）

> "投诉是为了提醒生产方和卖方不断完善产品和服务品质"（訴訟は生産する側と販売する側に，絶えず製品とサービスの質を完全なものにしていくことを意識させるためだ）と "投诉不仅可以维护消费者的利益，更有利于商家的长远发展"（訴訟は消費者の利益を守ることができるだけでなく，より販売店の末永い発展に益する）は同じ方向のことを述べています。前述の内容を補うときに用いる②を選びます。

(10) 内容の不一致
① 开始时我并没有想投诉那家奢侈品折扣店。（最初，私はそのブランド品ディスカウントショップを訴えようなどとは思っていなかった。）
❷ 我退的货，完全符合商店全额退款的要求。
（私が返品した商品は，店の全額返金条件に完全に一致していた。）
③ 投诉那家奢侈品折扣店时，我没想到会赢。（そのブランド品ディスカウントショップを訴えたとき，私は勝つとは思っていなかった。）
④ 英国人认为投诉对商家和厂家也有好处。（イギリス人は，訴訟は販売店にとってもメーカーにとってもよい面があると考えている。）

> 9行目で店員が言う "你买的是特价商品，我们已经明确写明，只有在没有使用的情况下，才能在半个月之内全额退款"（お客様が買われたのはセール品でして，私どもがはっきりと記しておりますように，未使用の場合のみ半月以内であれば全額お返しいたします）と合わないので，②を選びます。

2 適当な語句を補います。読解力と語句の知識を問います。　　（各2点）

解答：(1)❶　(2)❷　(3)❸　(4)❷　(5)❶　(6)❹　(7)❸　(8)❹　(9)❷　(10)❷

(1) 你瞧瞧你，不就是少拿半个月的奖金嘛，（　不至于　）这么难过吧。（あなたときたら，半月分のボーナスがカットされただけじゃないの，そんなに悲しむほどのことではないでしょう。）

❶ 不至于（動…ほどのことはない）
② 不敢当（動何かをしてもらい恐縮して言う「恐れ入ります」）

③ 不像话（形話にならない）

④ 不対劲（気に入らない。気が合わない。おかしい）

>　"你瞧瞧你"は「あなたときたら」という意味の決まり文句。"不就是…嘛"は「ただ…だけじゃないの」。大したことはないという文脈でつながり、"这么难过"を目的語にとる①を選びます。

(2) 老李家的儿子越来越有（　出息　）了，刚毕业三年就当上了部门经理。（李さんの家の息子はますます見込みが出てきた、卒業して3年でもう部長になったんだから。）

① 出路（名出口。活路。販路）

❷ 出息（名見込み）

③ 出众（形抜群である）

④ 出头（動困難を脱する。顔を出す）

>　後半"刚毕业三年就当上了部门经理"（卒業して3年でもう部長になった）という状況を表すのに意味から適当な②を選びます。"有出息"で「見込みがある」という決まった言い方です。

(3) 那家西餐馆换了老板后装修得富丽堂皇，非常（　气派　）。（あの西洋料理店は、オーナーが換わってから内装を豪華に改装して、非常に風格がある。）

① 豪迈（形豪胆である）

② 气盛（形気が短い）

❸ 气派（形風格がある）

④ 豪爽（形さっぱりしている）

>　"富丽堂皇"は「成豪華である。華麗で立派である」。この意味ととつながり、内装について用いるのに意味から適当な③を選びます。

(4) 这么多年过去了，你这喜欢（　挖苦　）人的毛病怎么一点儿都没改啊？（こんなに何年も経ったのに、あなたのその皮肉好きの欠点はなぜ少しも改まらないのでしょう。）

① 挖掘（動掘り起こす）

❷ 挖苦（wāku 動皮肉を言う）

③ 尖刻（形辛辣である）

④ 刻苦（形苦労をいとわない。質素である）

　　　　"人"を目的語にとり「人を皮肉る」という意味になる②を選びます。
　　　　"你这喜欢挖苦人的"が"毛病"を修飾しています。

(5) 这篇文章写得很好，（ 开门见山 ），主题突出。
　　（この文章はとてもよく書けており，単刀直入でテーマがはっきりとしている。）
　　❶ 开门见山（成単刀直入である）
　　② 光天化日（成皆がはっきり見ている状況。白日<ruby>はくじつ</ruby>）
　　③ 口无遮拦（思ったことを何でも口にする）
　　④ 明目张胆（成おおっぴらに悪事をはたらく）
　　　　文章について"写得很好"の要素を述べるのに，意味から適当な①を選びます。

(6) 真没想到当初爱得那么（ 轰轰烈烈 ）的两个人，竟然说分手就分手了。
　　（最初はあんなにアツアツだった二人が，あっさりと別れてしまうなんて思いもしませんでした。）
　　① 洋洋洒洒（形文章や話の内容が豊富で途切れない）
　　② 红红火火
　　　　（"红火"〔hónghuo 形活気がある〕の重ね型で，「活気に満ちている」）
　　③ 浩浩荡荡（"浩荡"〔形広く壮大である〕の重ね型で，「広々と壮大である」）
　　❹ 轰轰烈烈（hōnghōnglièliè 形迫力があり勢いがすさまじい）
　　　　"那么（　）"が"爱"の状態を説明する状態補語になっています。"爱"について用いるのに意味から適当な④を選びます。

(7) 以前没遇到过这种情况，谁也（ 吃不准 ）这个办法行不行。（今までこのような状況に遭遇したことがなく，誰もこの方法でよいのかどうか自信がなかった。）
　　① 吃不消（動耐えられない）
　　② 吃不开（形受けない。歓迎されない）
　　❸ 吃不准（動自信がない）
　　④ 吃不来（動食べ慣れない）
　　　　①〜④の「動詞"吃"＋可能補語の否定形」のうち，"这个办法行不行"を目的語にとり，意味から適当な③を選びます。

(8) 你早饭一定要好好吃，不能瞎（　对付　）。(朝食は必ずしっかりと食べなくてはいけません，おろそかにしてはいけません。)

① 支应（動やりくりする）
② 对应（動対応する。相応する）
③ 托付（動委託する）
❹ 对付（duìfu 動何とか間に合わせる）

　　"瞎"は「副でたらめに」。"早饭"について"一定要好好吃"と"不能瞎（　）"は表と裏から同じことを言っています。"瞎对付"で「でたらめに何とか間に合わせる。おろそかにする」，具体的には「朝食をしっかり食べない」ということになります。

(9) 他三言两语就把上访者给（　打发　）走了。
（彼は陳情に来た人を二言三言で簡単に立ち去らせた。）

① 激发（動〔意識や感情を〕かきたてる）
❷ 打发（dǎfa 動〔人を〕行かせる）
③ 回归（動戻る）
④ 归还（動返却する）

　　"三言两语"は「成二言三言。短い言葉」，"上访者"は「名陳情に来た人」。"给"は"把"を用いた文の動詞の前に用いると語気を強めます。意味から適当な②を選びます。

(10) 这个工作非常重要，你（　争取　）本周内完成吧。
（この仕事は非常に重要なので，何とか今週中に完成させてください。）

① 争夺（動奪い合う）
❷ 争取（動実現するよう努力する）
③ 取得（動取得する。獲得する）
④ 收拾（動片づける。整理する）

　　"本周内完成"を目的語にとる意味から適当な②を選びます。「今週中に完成させる」ことを「実現するよう努力する」，つまり「何とか今週中に完成させる」ということになります。

3 　正しく解釈した文を選びます。語句の意味についての知識を問います。(各2点)

解答：(1)❸　(2)❹　(3)❶　(4)❶　(5)❷　(6)❷　(7)❶　(8)❸

(1) 你们这伙人在这里可都是人云亦云啊！
　　(あなたたちときたら，ここでは，全く定まった考えがありませんね。)
　　① 形容能力一样。(能力が同じであることを形容している。)
　　② 形容人非常多。(人が非常に多いことを形容している。)
　❸ 形容没有主见。(定まった考えがないことを形容している。)
　　④ 形容步调一致。(足並みがそろっていることを形容している。)

　　　"人云亦云"は「他の人が言ったことを自分も続けて言う」から「成定まった考えがない」なので，③を選びます。問題文の"伙"は人の群れを数える量詞。

(2) 他最擅于干那些鸡蛋里挑骨头的事儿了。
　　(彼は人のあら探しをするようなことを最も得意とする。)
　　① 比喻做没有意义的事情。(意味のないことをすることを例える。)
　　② 比喻技术水平高。(技術の水準が高いことを例える。)
　　③ 比喻做事非常认真仔细。(行いが非常に真面目で丁寧なことを例える。)
　❹ 比喻故意挑毛病。(わざとあら探しをすることを例える。)

　　　"鸡蛋里挑骨头"は「卵の中の（ありえない）骨を探す」から「慣わざとあら探しをする」なので，④を選びます。問題文の文末の"了"は，"太…了"のように前の"最"と呼応し，性質や状態の程度を強調するものです。

(3) 几年不见，没想到他也成气候了。
　　(何年も会っていないうちに，思いがけず彼も偉くなったものだ。)
　❶ 比喻取得成就，有发展前途。
　　　(成功をおさめて，前途洋々であることを例える。)
　　② 比喻做事大气，办事情利落。
　　　(行いが堂々としており，物事の処理がてきぱきしていることを例える。)
　　③ 比喻脾气很大，非常暴躁。
　　　(かんしゃく持ちで，非常に粗暴であることを例える。)
　　④ 比喻变化无常，不可捉摸。

(変化が絶えず，捉えどころのないことを例える。)

　　"成气候"は「慣成功していたり，将来の見込みがある」なので，①を選びます。多く"他成不了什么气候"（彼が成功なんかするはずがない）のように否定文で用います。

(4) 他那个人啊，就是这样，<u>听见风就是雨</u>。
（彼という人はですね，全くうわさをすぐ本気にする人なんですよ。）
❶ 比喻只听到一点儿传闻就当成真的。
（うわさを少し耳にしただけで本気にすることを例える。）
② 比喻听到点儿消息就立即采取行动。
（少しでも情報を聞きつけるとすぐに行動に移すことを例える。）
③ 比喻一有点儿什么事情就静不下心来。
（何か事が起こると，落ち着いていられないことを例える。）
④ 比喻一听到点儿什么就能预测到未来。
（少し聞いただけで，未来を予測することができることを例える。）

　　"听见风就是雨"は「風の音を聞くと雨が降ると思う」から「慣少しうわさを聞いただけで本当だと思う」なので，①を選びます。"听风就是雨""听风是雨"とも言います。

(5) 仔细想想他也真不容易，这么多年一直在<u>跑龙套</u>。（よく考えてみると，彼も本当に大変でした，何年もずっと使い走りをしているのですから。）
① 比喻做事有名无实，得不偿失。
（行いが名ばかりで実がなく，引き合わないことを例える。）
❷ 比喻在人手下做无关紧要的事。
（人の下で重要ではない事をすることを例える。）
③ 比喻和有势力的人拉关系、套近乎(jìnhu)。
（有力者とコネを作り，なれなれしくすることを例える。）
④ 比喻打着漂亮的旗号到处推销自己。
（体裁のいい名目を掲げて，あちこちに自分を売り込むことを例える。）

　　"跑龙套"は「慣人の下で重要ではない事をする」なので，②を選びます。①の"有名无实""得不偿失"は成語，③の"拉关系""套近乎"はけなす意味をもつ慣用句，④の"旗号"はけなす意味での「名名目。名義」です。

(6) 你说，老王这次是不是给别人当了垫脚石?!
（ねえ，王さんは今回，人に踏み台にされたと思いませんか。）
① 比喻牺牲自己帮助别人进步的人。
（自分を犠牲にして，他人の進歩のために手助けする人を例える。）
❷ 比喻被其他人利用来向上爬的人。
（他人により，はい上がるために利用される人を例える。）
③ 比喻被人踩在脚下受人欺负的人。
（他人に踏みにじられ，いじめられる人を例える。）
④ 比喻给别人制造困难和障碍的人。
（他人に困難や障害を与える人を例える。）

"垫脚石"は「名踏み台。それによってはい上がる人や事物」なので，②を選びます。

(7) 他在我们公司最会投机取巧了，谁也比不了。（彼は私たちの会社でうまく立ち回って利益を手に入れることが一番上手で，誰も比べものにならない。）
❶ 表示利用时机和不正当的手段谋取私利。
（チャンスと不正な手段を利用して私利を得ようとすることを表す。）
② 表示头脑灵活善于抓住机会和把握时机。
（頭が切れて，チャンスをものにすることができることを表す。）
③ 表示善于用最小的投资获取最大的利益。
（最小の投資で最大の利益を得ることに長けていることを表す。）
④ 表示善于观察并能及时发现并解决问题。
（観察に長け，すぐに問題を見つけ解決できることを表す。）

"投机取巧"は「成チャンスや巧妙な手段で私利を図る」なので，①を選びます。"投机取巧"には「苦労を嫌がり，小賢しさでまぐれで成功する」という意味もあります。"了"は(2)同様"最"と呼応し強調を表します。

(8) 那家新开张的店卖的都是大路货。
（あの新しく開店した店で売っている物はすべて中等の売れ筋商品だ。）
① 指生活中不可缺少的商品。（生活に不可欠の商品を指す。）
② 指质量好价格不贵的货物。（質がよく値段が高くない品物を指す。）
❸ 指质量一般而销路广的货物。（質は普通だがよく売れる品物を指す。）

④ 指有利健康的绿色环保商品。（健康によいエコ商品を指す。）

"大路货"は「道端で売っているような品物」から「[名]中等の売れ筋商品」なので，③を選びます。

4 600字程度の文章を読み，2か所のピンインを漢字に改め，3つの文を日本語に訳します。全体の内容を理解しながら，正しく漢字で書く能力，日本語の翻訳力を問います。
((1)各4点，(2)(a)(b)各7点，(c)6点)

　　我有一个朋友，她本来是个亲切和善的人，说话(ア)màntiáo-sīlǐ 慢条斯理的。可最近一年多来，她整个人都变了，变得很焦躁，说话急，一点耐心也没有。我问她到底遭遇了什么天灾人祸，她晃(huàng)晃手里的智能手机，长叹一声，"还不是因为它。"(a)原来，一年前她顺应潮流开了个微博，玩得如鱼得水、乐此不疲，可她却从此告别了从容的人生。从前等车时会欣赏一下路边的风景，现在只是捧着手机不停地刷刷刷；以前在餐厅吃饭的时候，每上一道菜她都会品评一下菜式、色泽，现在只是拿着手机拍拍拍，然后发发发。从前她和朋友们面对面交流读书心得，现在互相给对方看微博的新段子，一起哈哈大笑……她的生活已经彻底被微博给绑架了。
　　(b)我说你可以自己控制自己啊。她苦笑说，我倒是想克制，可有时候真是身不由己啊。微博上的"绑匪(bǎngfěi)们"会问：这个女孩得了白血病，你给转了，那个男孩生了肿瘤(zhǒngliú)，你为什么不转？为什么要(イ)hòucǐ-bóbǐ 厚此薄彼？难道你做好人也要挑拣(tiāojiǎn)？你到底是什么标准？
　　关于微博，曾经有人做过一个生动的描绘："早晨起来看微博，很容易让人产生一种皇帝批阅奏章、君临天下的幻觉。国家大事潮水般地涌来，需要迅速作出各种判断。(c)每个人心中都藏着一个踌躇满志、披星戴月上朝理政的皇帝，微博把人的这种情结激活了。"
　　作为一个微博的老用户，我告诉她，微博其实和参禅(cānchán)一样，要修炼到这种境界：看山还是山，看水还是水，看微博，终究不过就是个微博罢了，它代表不了舆论，更折射不了整个社会。看透了，想开了，你就给自己松绑了。

还：4行目"还不是因为它"的"还"は反語文の語気を強める副詞
刷：「[動]刷毛（はけ）で払ったり塗ったりする」から，スマートフォンの画面をスライドさせる動作を表す

菜式：名料理の種類や様式

心得：名（仕事や学習などで得た）収穫（知識，技術，考えなど）

段子：名一くさり。ここでは「ブログに寄せられる一つのコメント」

绑架：動人を力づくで連行する。ここでは"生活"について比喩的に用いられている

"绑匪们"："绑匪"は「名（身代金目的の）人さらい」。ここでは9行目"绑架"と呼応し，また" "でくくり，友人のブログに来る人たちを批判の意味を込めて称している

转：動ここではインターネット用語で"转发"（動シェアする）の意味

挑拣：動選び取る

批阅：動文章を読んで指示を出したり直したりする

奏章：名上奏文

折射：動反映する

松绑：動体を縛る縄を解く。束縛や制限を緩める

訳：私の友人は，もともとは思いやりのある優しい人で，話しぶりは穏やかだった。ところが，ここ1年余りで，彼女はまるで人が変わってしまい，いらいらして，話しぶりはせっかちで，忍耐力が少しもない。私は彼女にいったいどんな天災人災に遭ったのかと尋ねたところ，彼女は手にもったスマートフォンを振って，長いため息をついて言った。「これのせいに決まってるでしょ。」(a)実は，1年前に彼女は時代の流れにのってミニブログを始め，たいそう気に入って没頭しているのだが，このときから彼女はゆったりとした人生に別れを告げたのだ。以前はバスを待つ間は周囲の風景を楽しんだものだが，今は携帯を手にひたすらページをめくっている。以前はレストランで食事をしているとき，料理が出てくるたびに料理の種類・様式や色合いに関して品評したものだったが，今はひたすら携帯でカシャカシャ撮っては，送信している。以前は，彼女は友達と向かい合って読書の感想を語り合ったが，今では互いにブログの新着コメントを見せ合っては，一緒にアハハと大笑いしている…彼女の生活はすでに完全にブログに奪われてしまった。

(b)私は，自分で自分をコントロールすればいいんだよ，と言った。彼女は苦笑いを浮かべて，私は我慢したいと思っているのに，本当に思いのままにならないときがあるのよ，と言った。ブログに来る連中は，この白血病を患った女の子のことをシェアしたが，なぜこの腫瘍ができた男の子をシェアしないのか，なぜえこひいきをするの，善人になるのにも対象を選ぶのか，基準は一体何なのかと聞いてくるのだろう。

ブログに関しては，かつてある人が次のような生き生きとした描写をしたことがある。「朝起きてブログを見ると，皇帝が上奏文に目を通し指示を与え，天下に君臨しているかのような幻覚にたやすく陥ってしまう。国家の一大事が潮のように押し寄せ，さまざまな判断を迅速に下すことが求められているのだ。(c)誰の心にも非常に得意気で，朝早くから夜遅くまで仕事に励み朝廷に出て政務を執り行う皇帝が潜んでいるもので，ブログはこの深層意識にスイッチを入れるのだ。」
　ブログの古顔ユーザーとして，私は彼女にこう言った。ブログは実は禅の修行と同じで，このような境地に到達するまで修練しなくてはならないのだ，と。「山を山と見，水を水と見，ブログを，ひっきょうブログに過ぎないと見る。世論を代表することはできないし，社会全体を反映させることなどいっそう無理である。それを看破し，達観すれば，自分を解き放つことになる。」

(1) (ア) màntiáo-sīlǐ

慢条斯理

「成（話しぶりや所作が）穏やかである」。

(イ) hòucǐ-bóbǐ

厚此薄彼

「成えこひいきする」。

(2) (a)〜(c)上記を参照

(a)の"微博"は「名ミニブログ。中国版 Twitter」，"如鱼得水"は「成魚が水を得たかのようだ。意気投合できる人に出会ったり，環境が自分に合っている」，"乐此不疲"は「成ある事をするのが好きで疲れを知らない。没頭する」。(b)の"倒是"は譲歩を表す副詞で，"想克制"であることは間違いないがという気持ちを表しています。"克制"は「動（多く感情を）抑制する」，"身不由己"は「成体が自分の思いのままにならない」。(c)の"踌躇"は書き言葉で「得意な様」を表し，"踌躇满志"で「成自分の現状や成果に非常に得意である」。"披星戴月"は「成朝早くから夜遅くまで仕事に励む」，"情结"は「名深層意識」，"激活"は「動刺激を与えて活性化する」。

5 100字程度の日本語の文章2題を中国語に訳します。会話，手紙，論説などの少しまとまった長さの文章を組み立てる能力を問います。　　（各10点）

(1) 一つの社会体制の形成にはむろん多くの優れた人物による創造が不可欠だが，社会の安定を持続させ，文化の尊厳と品格を維持させるには，多くの普通の人々の黙々とした貢献と犠牲を必要とする。

一个社会格局的形成固然需要很多不平凡的人物的创造，但一个社会能否持久安定并维持其文化的尊严和品格，则需要许许多多平凡人的默默奉献和牺牲。

> 「一つの社会体制の形成には」は"形成一个社会格局"でもかまいません。また，「社会体制」は"社会体制"でもかまいません。"格局"が状態に重点を置いているのに対し，"体制"は形式に重点を置いています。「むろん…だが，～」はあることを認めたうえで，続く部分で転換を図り，"但"などと呼応させる"固然"を用いるのが適当です。「多くの優れた人物による創造」は「による」は特に訳出する必要はなく，"很多不平凡的人物的创造"でかまいません。「…が不可欠だ」「…を必要とする」はどちらも"需要"で表すことができます。「…には，～だ」は，因果関係を表す接続詞"则"でつなぐことで表すことができます。「多くの」は"许多""很多"でもかまいません。「貢献」はこの場合，"默默"とよく組み合わせる"奉献"を用います。「優れた人物」は"优秀人物"，「普通の人々」は"普通人"でもかまいませんが，"不平凡的人物""平凡人"を用いると，より対比させることができます。

(2) 新年が来るたびに私はその年の計画を一つ立て，真新しい気持ちで年を迎える。例えば，今年は必ず禁煙するぞ，或いは絶対外国語を一つものにしてやるぞなどと。しかしこのような計画は言うは易く行うは難しで，往々にしてひと月もたたないうちにうやむやになってしまう。

每到新年我都会给自己制定一个新年计划，让自己以崭新的面貌迎接新年。比如，今年一定要戒烟，或者一定要学会一门外语。但这样的计划说起来容易做起来难，往往不到一个月就不了了之。

> 「計画を立てる」は"制定计划"，「真新しい」は"崭新"。"面貌"はふつう 名 顔つき。容貌 などですが，比喩的に「状態」を表し，ここでは「心の状態」である「気持ち」を表すのに用いています。"心情""精

78

神"でもかまいません。日本語にはない"给自己"を入れたり，"让自己…"のように使役文にすると，中国語らしい文になりますが，なくても意味は変わりません。「…するぞ」という決意は"一定要…"で表します。"外语"の量詞は"门"です。"说起来容易做起来难"はよく用いられる言葉なので，覚えましょう。「うやむやになる」には成語"不了了之"(bùliǎo-liǎozhī) があります。"了"は「動完了する」という意味で，"不了了之"で「完了していない事を放っておいて完了したとする」から「うやむやになる」。

準1級第88回
(2016年3月)

問　題
　リスニング 82
　筆　記 85
　　解答時間：計120分
　　配点：リスニング100点，筆記100点

解答と解説
　リスニング 92
　筆　記 103

リスニング （⇨解答と解説92頁）

03 **1** 中国語を聞き，(1)～(10)の問いの答えとして最も適当なものを，それぞれ①～④の中から1つ選び，その番号を解答欄にマークしなさい。　　　　（50点）

04
12　メモ欄

05
13

06
14

07　(1)
15　　①　　　　　　　②　　　　　　　③　　　　　　　④

08　(2)
16　　①　　　　　　　②　　　　　　　③　　　　　　　④

09　(3)
17　　①　　　　　　　②　　　　　　　③　　　　　　　④

10　(4)
18　　①　　　　　　　②　　　　　　　③　　　　　　　④

11　(5)
19　　①　　　　　　　②　　　　　　　③　　　　　　　④

メモ欄

準1級 第88回 問題 [リスニング]

(6) ① ② ③ ④

(7) ① ② ③ ④

(8) ① ② ③ ④

(9) ① ② ③ ④

(10) ① ② ③ ④

② はじめに中国語の文章を読みます。続いて文章の中から5か所を選んで読みますので，その5か所を漢字で解答欄に書きなさい。　　　　　　　　　　（50点）

メモ欄

84

筆 記（⇨解答と解説103頁）

[1] 次の文章を読み，(1)〜(10)の問いの答えとして最も適当なものを，それぞれ①〜④の中から１つ選び，その番号を解答欄にマークしなさい。　　　　　　　　　（20点）

《绿荫晚报》本来是这个森林城市的畅销报纸，曾经创下连续五年发行量达到全市人口百分之二十的全国最高记录。可是由于网络的日渐发达和智能手机的迅速普及，最近几年的订阅份数不断下滑，[(1)]就要跌破百分之十的大关了。报社的人绞尽脑汁想出了扩充版面、增加专栏、开设电子版等办法，[(2)]延缓了下滑，但形势仍然不容乐观。

在这种形势下，报社决定新年度的招聘工作改变方式，分两步走，先让笔试及格的人到报社实习一段时间，再根据实习中的表现，通过面试筛选出录用的人。吴闻是个不善辞令，略带(3)腼腆的大学毕业生。在学校里，大家对他的评价是"默默无闻，心里有数"。他以优秀的成绩在众多的应试者中[(4)]，被安排到采编部实习。吴闻把全部精力都[(5)]到实习工作中，忙得不可开交。为了尽快把握报纸的特点，熟悉业务，他每天还挤出时间翻检、研读过去的报纸。

一个星期天，他带着报纸去附近的公园，坐在草地上读。几只蚊子飞来，手臂上被叮了好几个包，他感到奇痒难耐，手边儿又没有驱蚊喷剂，就扇着报纸驱赶蚊子。报纸的油墨味儿突然使他想到：[(6)]往印报纸的油墨里添加一些驱蚊的成分，[(6)]读者在读报时蚊子就不敢靠近了。这样一来，报纸[(7)]不仅是信息的载体，也成了驱除害虫的工具，就连看过的旧报，也增加了一条废物利用的途径，岂不是一举多得吗？他马上回家上网查找能够驱除蚊子的植物，查到了一种有类似柠檬香味的驱蚊草。这种草含有一种挥发性成分，这种物质[(8)a]能驱避蚊子，[(8)b]有防虫作用，[(8)c]对人体无害，[(8)d]难得的是，它非常适合野外栽培。

面试那天，社长看着吴闻的自我介绍说："'默默无闻，心里有数'的小伙子，说说你对报纸的建议和进报社以后想怎么开始工作吧。"吴闻说："我建议把《绿荫晚报》变成'驱蚊'晚报，……"。接着又说："不管能不能进报社，我下一步想做的事儿是写一篇介绍驱蚊草的文章，让它尽快生长在全市的公园和居民的

院子里，改变我们这个森林城市蚊虫较多的环境。"听了他的话，社长忍不住笑着说："这真是个好建议！你这个吴闻哪，你 (9) 是'默默无闻'，你还能'默默无蚊'呢！"在场的人也都笑了起来。

(1) 空欄(1)を埋めるのに適当なものは，次のどれか。
① 眼底下　　② 不得已　　③ 眼看着　　④ 不由得

(2) 空欄(2)を埋めるのに適当なものは，次のどれか。
① 总算　　　② 终究　　　③ 毕竟　　　④ 到底

(3) 下線部(3)の正しいピンイン表記は，次のどれか。
① miǎntiǎn　② miǎndiǎn　③ miāntiǎn　④ miāndiǎn

(4) 空欄(4)を埋めるのに適当なものは，次のどれか。
① 毛遂自荐　② 锋芒毕露　③ 出头露面　④ 脱颖而出

(5) 空欄(5)を埋めるのに適当なものは，次のどれか。
① 投送　　　② 投身　　　③ 投入　　　④ 投靠

(6) 2か所の空欄(6)を埋めるのに適当なものは，次のどれか。
① 要是…那…　② 如果…就…　③ 就算…也…　④ 假如…便…

(7) 空欄(7)を埋めるのに適当なものは，次のどれか。
① 就　　　　② 却　　　　③ 还　　　　④ 倒

(8) 4か所の空欄(8)を埋めるのに適当なものは，次のどれか。
① a 还　－b 却　－c 不但－d 更
② a 还　－b 不但－c 更　－d 却
③ a 不但－b 却　－c 更　－d 还
④ a 不但－b 还　－c 却　－d 更

(9) 空欄(9)を埋めるのに**適当でないもの**は，次のどれか。

　　① 何止　　　② 不光　　　③ 何不　　　④ 非但

(10) 本文の内容と一致するものは，次のどれか。

　　① 为了保持发行量记录，报社决定改变招聘方式。

　　② 含有柠檬香味的油墨可以驱赶蚊子。

　　③ 吴闻把同学的评价写进了自我介绍。

　　④ 大家觉得吴闻的建议很可笑。

2　(1)～(10)の中国語の空欄を埋めるのに最も適当なものを，それぞれ①～④の中から1つ選び，その番号を解答欄にマークしなさい。　　　　　　　　　　(20点)

(1) 这些诗都是他住院时在病床上写的，字迹（　　　），难以辨认。

　　① 轻浮　　　② 潦倒　　　③ 轻率　　　④ 潦草

(2) 他对这个问题有不同于别人的独到见解，在会上（　　　）地说出了自己的意见。

　　① 一刀两断　② 出类拔萃　③ 直截了当　④ 说一不二

(3) 经过一个月的健身运动，老赵的体质有了显著的改善，体重最（　　　）也掉了5公斤。

　　① 起码　　　② 至少　　　③ 基本　　　④ 极端

(4) 大家都走了，（　　　）他还留在公司里。

　　① 单独　　　② 独处　　　③ 独自　　　④ 唯独

(5) 上个星期发生的化学原料爆炸是一（　　　）重大的责任事故。

　　① 道　　　　② 起　　　　③ 阵　　　　④ 回

(6) 房间里没有开灯，（　　　）的什么也看不清。

　　① 黑油油　　② 黑茫茫　　③ 黑乎乎　　④ 黑沉沉

(7) 严老师是师范大学毕业的，是一位（　　　）素养很高的教育工作者。
　　① 专修　　　　② 专攻　　　　③ 专长　　　　④ 专业

(8) 他是一个谦虚低调的人，从来不向别人（　　　）自己的财富和能力。
　　① 摆阔　　　　② 炫耀　　　　③ 夸奖　　　　④ 逞强

(9) 运动会正在进行，突然下起了大雨，操场上乱成了（　　　）。
　　① 一锅粥　　　② 一锅端　　　③ 一锅煮　　　④ 一锅烩

(10) 张教授去年写了一篇论文，题目是《（　　　）唐代诗歌》。
　　① 有关　　　　② 关于　　　　③ 对于　　　　④ 相关

3　(1)～(8)の中国語の下線を付した語句の説明として最も適当なものを，それぞれ①～④の中から１つ選び，その番号を解答欄にマークしなさい。　　　　(16点)

(1) 昨天很多外地来的旅游者和本地市民参加了世博园内的服装纺织馆的<u>剪彩</u>等活动。
　　① 闭幕仪式　　　　　　　　② 服装展销
　　③ 落成典礼　　　　　　　　④ 时装表演

(2) 这是一部描写<u>啃老族</u>的电视剧，引起了各个年龄层的兴趣，收视率很高。
　　① 靠子女养活的老年人　　　② 靠父母养活的儿童
　　③ 靠中年人养活的老年人　　④ 靠父母养活的成年人

(3) 这篇小说对当前的社会现象和人们的心理状态做了<u>入木三分</u>的刻画。
　　① 形容描写全面。　　　　　② 形容见解深刻。
　　③ 形容描写粗略。　　　　　④ 形容见解肤浅。

(4) 今年第一季度，个人用电脑大幅度降价，这个公司成了亚洲计算机市场的最大的<u>输家</u>。
　　① 出口商
　　② 失败者
　　③ 进口商
　　④ 成功者

(5) 我怀着喜悦而<u>忐忑</u>的心情来到会场，走上了主席台。
　　① 心神不定。
　　② 满怀信心。
　　③ 心满意足。
　　④ 力不从心。

(6) 中国女子中长跑选手人数很多，成绩<u>傲人</u>。
　　① 让别人自满。
　　② 对自己评价过高。
　　③ 看不起别人。
　　④ 值得自豪。

(7) 候机室里不少等飞机的乘客在椅子<u>上打盹儿</u>。
　　① 躺着。
　　② 伸懒腰。
　　③ 小睡。
　　④ 闭眼睛。

(8) 听了记者提出的问题，这家公司的经理<u>不假思索</u>地做了回答。

① 形容回答的不是问的内容。

② 形容说话做事迅速。

③ 形容回答问题简单明了。

④ 形容说话做事慌忙。

4 次の文章を読み，ピンインで表記されている語句(ア)・(イ)を漢字に改め，解答欄(1)に書きなさい。また，下線部(a)～(c)を日本語に訳し，解答欄(2)に書きなさい。

(24点)

　　几位演员在一起谈演戏的心得。有一位说："我喜欢演有特点的人物，(a)<u>尤其是做事异乎寻常、让人出乎意料的人物</u>。" 另一位说："怪不得你演流氓演得好，演教师就怎么也演不像。" 还有一位说："我演悲剧或者演喜剧都能进戏，演得十分悲惨或者格外欢乐，可是就是演不了一般的正剧，无论如何也进不了戏。" 经过大家(ア) qīzuǐ-bāshé 的议论，得出了两个结论：一是不管电影、电视或舞台，演流氓、妓女、失败者、邪恶者、落拓者总是容易一些，也可以演得(イ) chuánshén。那是因为人们对坏的形象有一种共同的认知，可是对善良的一般的人却没有共同的标准。二是世上最难演的，就是那些过着平顺的日子，没有什么冲突的人，像教师、公务员、小职员、家庭主妇等。因为这些人(b)<u>生活一成不变，人生波澜不惊，总是一个模式</u>。

　　一个演员感慨地说："平凡是最难演的呀！" 如果把这句话稍做改动，我们也可以说："平凡是最难的呀！" 平凡就是平顺、安常、知足，平凡人的一生就是平安知足的一生。一个社会的开创固然需要很多非凡人物的创造，但一个社会能否持久安定地维持文化的尊严与品格，则需要许多平凡人的默默奉献与牺牲。每个人青年时代的立志，多是要做顶天立地的大丈夫，要做叱咤风云的大人物，可是后来才发现，其实自己不过是社会里平凡的一分子，无法变成大英雄大豪杰。不过从更大的角度看，(c)<u>那些自命不凡的大人物，何尝不也是宇宙的一粒沙尘呢</u>？平凡是难演，但是平凡最可贵，因为任何社会都离不开平凡。

5 (1)・(2)の日本語を中国語に訳し，解答欄に書きなさい。　　　　　(20点)

(1) 私たちは親を選ぶことはできないが，友達を選ぶことはできる。道理から言えば自分が選ぶ人は自分の理想にかなっているはずだが，実際は必ずしもそうではない。なぜなら，選択は双方向のものなので，お互いに欠点を許容する必要があるからだ。

(2) まさか自分の住む都市でもう一度オリンピックを観ることができるなんて，夢にも思わなかった。私はなんて幸運なんだろう！前回はまだ子供だったから何もわからなかったが，今回は世界レベルの選手たちの試合を存分に観戦するぞと心に決めている。

リスニング （⇨問題82頁）

1 600字程度の2つの文章を聞き，内容についての問い5問ずつに答えます。ポイントとなる内容を聞き取り，全体の趣旨をつかむ能力を問います。

(各5点)

解答：(1)❸ (2)❹ (3)❸ (4)❷ (5)❶ (6)❸ (7)❷ (8)❷ (9)❹ (10)❶

(1)～(5)の中国語

04　　我喜欢养鱼养花。经验告诉我，鱼不能每天喂食，一周喂两三次就行，不然它们会因为吃得过饱而死掉；很多花也不能浇水太勤，隔一段时间浇一次水为好，否则它们的根容易腐烂（fǔlàn），叶子也会长斑点。用一个拟人的说法就是，不能让鱼吃得太饱，也不能让花草喝得太饱。

　　人也是这样，应该保持适度的饥饿。吃得过饱，消化系统负担加重，不仅容易肥胖，还容易导致各种各样的生活习惯病。保持适度的饥饿，不是不吃早饭，或者不按时进餐，也不是尽量不吃高营养的食物。正确的做法是，重视营养，一日三餐按时吃，但每顿只吃八分饱，这样对肠胃有好处，对健康非常有益。

05　　做什么事都应该留有余地，就像每天不能吃得太饱一样。交朋友时，朋友之间也应该保持适度的"饥饿感"。有些人喜欢完全融入对方的生活中，自己毫无保留，也要求别人毫无保留。两个人都失去了属于自己的空间，这样的友情会让人感到压抑，没有自由。西方的谚语说"保持距离，友谊常青"，这里面就包含着"真正的朋友不一定来往过密，总缠在一起"的意思。当朋友亲密到一点儿距离也没有的时候，每个人的个性就容易表露出来，就容易出现矛盾了。

06　　工作也是这样，不能"吃得太饱"，应该留有余地。工作起来早起晚睡，甚至开夜车，或是天天加班，星期天也不休息，总处于紧张繁忙的状态，和每天都吃得太饱有相似之处。有人以为，增加工作的时间就能多取得成果，其实并非如此。比如一天能走30公里路，并不是多走一天，就能多走30公里。要是不休息，每天都走，一定会越走越慢，早晚有走不动的时候。俗话说的"不怕慢，只怕站"，只说对了一半。永远站着固然不行，永远不站也不行。适当停下脚步，休养生息，才能坚持走下去。

訳：私は魚を飼ったり花を育てたりするのが好きだ。経験から言って，魚には毎日えさをやってはならず，1週間に2,3回やれば十分である。そうでないと，魚は食べ過ぎで死んでしまう。花の多くもまた水をまめにやりすぎてはならず，ある程度時間を空けて水をやるようにするとよい。さもないと，根腐れしやすいし，葉っぱもまだらになってしまう。擬人法を使って言うならば，魚の食事に満腹は禁物だし，草花に飲ませ過ぎはいけないということだ。

　人間も同じことで，適度な飢餓感を維持するべきである。食べ過ぎると消化器系の負担が増え，太りやすくなるだけでなく，様々な生活習慣病を引き起こしやすくなる。適度な飢餓感を維持するというのは，朝食を抜くとか，不規則に食事をとるということではないし，栄養価の高い食品をなるべく控えるということでもない。正しいやり方は，栄養を重視し，一日三食決まった時間に食べるが，常に腹八分目に抑えるということである。こうすれば，胃腸にやさしく，健康にとってたいへん有益なのである。

　何事にも余裕を持つことは大事で，それは毎日食べ過ぎないようにすることと同じだ。友人関係においても，適度な「飢餓感」を維持するべきである。中には相手の生活の中に完全に溶け込み，自分をさらけ出すとともに，相手にもそれを求める人がいる。お互い自分の領分を失ってしまうと，そのような友情にはストレスを感じ，自由がなくなってしまうだろう。西洋のことわざに「互いに距離をおけば，友情は常に続く」とあるが，そこには，「頻繁に往来しいつも一緒にいるのが真の友とは限らない」という意味が込められている。友人どうしが距離が全くなくなってしまうほど親密になると，それぞれの個性が現れやすくなり，齟齬（そご）を来しやすくなるのである。

　仕事もまた同じで，「食べ過ぎ」てはならない。余裕が必要だ。働き始めるや，早く起きて遅く休む，ひどいときには徹夜する。あるいは毎日残業で，日曜日も休まないなど，常に忙しい状態にあるというのは，毎日食べ過ぎるのに似たところがある。就業時間が増えれば，より大きな成果をあげることができると考える人がいるが，実はそうではない。例えば，一日30キロ歩けるとして，一日多く歩けば，歩いた距離を30キロ増やせるということではない。もし休息をとらず，毎日歩き続ければ，かならず次第にスピードが落ち，いずれ歩けなくなるときが来る。俗に「遅くてもかまわない，立ち止まるな」と言うが，正しいのは半分だけだ。永遠に立ち止まっていてはもちろんだめだが，永遠に立ち止まらないのもやはりだめなのだ。適度に歩みを止め，休息をとる，それでこそ歩き続けることができるのである。

07 (1) 問：怎样才能"不让花草喝得太饱"？
（どうすれば「草花に飲ませ過ぎない」ようにできるのか。）
答：① 增加浇水的次数。（水やりの回数を増やす。）
② 减少每次浇水的分量。（水やりの際の水量を減らす。）
❸ 拉开浇水的间隔时间。（水やりの間隔を空ける。）
④ 总结浇水的经验。（水やりの経験をまとめる。）

> 2行目"很多花也不能浇水太勤，隔一段时间浇一次水为好"（花の多くもまた水をまめにやりすぎてはならず，ある程度時間を空けて水をやるようにするとよい）から，③を選びます。

08 (2) 問：怎样才是保持适度的饥饿？
（適度な飢餓感を維持するとはどうすることか。）
答：① 不吃早饭，减轻肠胃的负担。（朝食をとらず，胃腸の負担を軽減する。）
② 尽量不吃高营养的食物，避免肥胖。
（なるべく栄養価の高い食品を控え，肥満を防ぐ。）
③ 不必按时进餐，但要重视营养。
（決まった時間に食事をとる必要はないが，栄養を重視する必要はある。）
❹ 按时进餐，但每顿不吃十分饱。
（決まった時間に食事をとるが，常に腹八分目に抑える。）

> 7行目"正确的做法是，重视营养，一日三餐按时吃，但每顿只吃八分饱"（正しいやり方は，栄養を重視し，一日三食決まった時間に食べるが，常に腹八分目に抑えるということである）から，④を選びます。

09 (3) 問："保持距离，友谊常青"是什么意思？
（「互いに距離をおけば，友情は常に続く」とはどういう意味か。）
答：① 常请朋友吃饭，就能保持友谊。
（常に友人に食事をおごれば，友情を保つことができる。）
② 朋友之间应该经常联系。
（友人の間では常に連絡を取るようにするべきだ。）
❸ 来往过于密切，不利于保持友谊。
（度を過ぎた往来は，友情の維持を妨げる。）
④ 远处的朋友容易保持友谊。（遠方の友人は友情を保ちやすい。）

このことわざは，12行目"两个人都失去了属于自己的空间，这样的友情会让人感到压抑，没有自由"（お互い自分の領分を失ってしまうと，そのような友情にはストレスを感じ，自由がなくなってしまうだろう）からの流れで引かれ，ことわざの後にも14行目"当朋友亲密到一点儿距离也没有的时候，每个人的个性就容易表露出来，就容易出现矛盾了"（友人どうしが距離が全くなくなってしまうほど親密になると，それぞれの個性が現れやすくなり，齟齬を来しやすくなるのである）のように解説されています。それらから③を選びます。

10 (4) 問：作者主张怎样工作？（作者はどのように働こうと主張しているか。）

　　答：① 如果需要的话，可以早起晚睡，开夜车。
　　　　（もし必要ならば，早く起きて遅く休み，徹夜してもよい。）
　　　　❷ 为了坚持下去，有时要停下来适当休息。
　　　　（継続していくために，ときには止まって適度に休息しなければならない。）
　　　　③ 要是经常加班的话，星期天应该休息。
　　　　（もししょっちゅう残業するのであれば，日曜日は休むべきだ。）
　　　　④ 为了取得成果，就要增加工作时间。
　　　　（成果をあげるためには，労働時間を増やす必要がある。）

　仕事について述べられた最後の部分，23行目"适当停下脚步，休养生息，才能坚持走下去"（適度に歩みを止め，休息をとる，それでこそ歩き続けることができるのである）から，②を選びます。

11 (5) 問：与本文内容相符的是以下哪一项？
　　　（本文の内容に合うものは，次のどれか。）

　　答：❶ 做什么都应该留有余地。（何事にも余裕を取っておくべきだ。）
　　　　② 喜欢养鱼养花有益于健康。
　　　　（魚を飼ったり花を育てたりするのを好むことは，健康に有益だ。）
　　　　③ 朋友的友情比什么都宝贵。（友情は何よりも大切である。）
　　　　④ "不怕慢，只怕站"的说法没有道理。
　　　　（「遅くてもかまわない，立ち止まるな」ということばには，道理がない。）

　魚を飼ったり花を育てたりすること，人間の食事，友人関係，仕事について結論として繰り返し述べられている①を選びます。

(6)〜(10)の中国語

⑳　春节旅游，不但能避开返乡高峰造成的交通堵塞，还能享受到人少、清静的景点环境。国家旅游局发布的报告显示，去年春节期间全国各地共接待旅游者2.31亿人次。与此相比，前年国庆黄金周期间共接待旅游者4.75亿人次，可见春节期间的旅游人次只有国庆黄金周的一半。

㉑　因为春节是一家团聚的节日，人们最重视的是在家里过团圆年。所以，春节旅游历来有"近、短、全"的特点。就是"目的地近、时间短、全家一起出游"。根据很多著名景点的旅游饭店的统计，春节期间，各个饭店的入住率很低，大约百分之八十左右的房间都空着。由此可见，春节期间人们选择周边游，当天回家的人较多，选择去外地住宿的过夜旅游的人较少。因此，利用这一空档（kòngdàng），春节期间去长途旅游是一个不错的选择。

㉒　春节旅游该去哪儿？近年来盛行的是去南方的避寒游、去北方的冰雪游和出境游。避寒游长期以来是春节旅游的重点，三亚、厦门等位于亚热带的城市一直是避寒的首选。

　　家住北方的人去南方避寒，而家住南方的人则去北方踏雪。冰雪游近年来逐渐兴起（xīngqǐ），去年春节期间，黑龙江省累计（lěijì）接待的游客就达到2284万人次，比前年增长了21.6%。

　　出境游是春节出游的新方式。由于人民币升值、出国旅行越来越便宜以及旅游者增多等因素，出境游的价格和国内游逐渐接近，不再那么高不可攀。以韩国五日游为例，从北京出发，某旅行社的报价为5999元，只比海南岛五日游贵1000元左右。尽管春节期间出境游价格普遍上调（shàngtiáo），但人们仍觉得可以接受，所以，去国外的游客有增无减，特别是日韩、东南亚、澳新等地比较受欢迎。

人次：量延べ…人。他の量詞と異なり，後に名詞をとることができない

过团圆年：家族と年越しをする

空档：名空き

避寒游：名避寒旅行

冰雪游：名雪国旅行

出境游：名外国旅行

踏雪：動雪見に出かける

高不可攀：「高くてよじ登れない」から「威高嶺の花である」

澳新：オセアニア。"澳洲"（オーストラリア）と"新西兰"（ニュージーランド）から

訳：春節期間の旅行は，帰省ラッシュのもたらす交通渋滞を避けることができるのみならず，人が少なくて静かな観光地の環境を享受できる。国家旅行局が発表したレポートが明らかにしたところでは，昨年の春節期間における全国の旅行者受入数は延べ2.31億人である。これと比較して，一昨年の国慶節のゴールデンウィーク中の旅行者受入数は延べ4.75億人であり，春節期間の旅行客の延べ数は，国慶節のゴールデンウィークの半分に過ぎないことが分かる。

春節は一家団欒（だんらん）の祝日であり，人々が最も重視するのは家で家族そろって年を越すことであるため，春節期間の旅行は，従来「近，短，全」すなわち「目的地が近く，短時間で行け，一家全員で出かけられる」という特徴をもっている。多くの有名な観光スポットにあるホテルの統計によれば，春節期間は，各ホテルの客室稼働率は低く，おおむね80％前後が空室となっている。このことから，春節期間には近場の小旅行を選択し，日帰りする人が比較的多く，省外への宿泊旅行を選択する人は比較的少ないことが分かる。それゆえ，この空きを利用し，春節期間中に長距離旅行をするというのは，なかなかに賢い選択なのである。

春節にはどこに旅行に行くべきだろうか。ここ数年，南方への避寒旅行，北方への雪国旅行，外国旅行が盛んである。避寒旅行は，長年にわたり春節旅行の目玉であり，三亜，厦門などの亜熱帯に位置する都市は，常に避寒地候補のトップである。

北方に住む人たちは南方に避寒に出かけ，南方に住む人は北方に雪見に出かける。雪国旅行は，近年次第に人気が出てきていて，昨年の春節期間には，黒竜江省の累計旅行者受入数は，延べ2,284万人で，前年比21.6％増であった。

外国旅行は春節旅行の新機軸である。人民元が高くなったこと，外国旅行がますます安価になっていることや旅行者数が増加していることなどにより，外国旅行の価格は国内旅行と次第に同じくらいになりつつあり，もはや手の届かない高嶺（たかね）の花というほどではない。韓国への5日間の旅行を例にとれば，北京発の場合，某旅行社の出した価格は5,999元で，海南島5日間の旅行より1,000元ほど高いだけである。春節期間の外国旅行の価格は一般に値上がりしているが，まだ受け入れられるものであるらしく，外国に出かける旅行客は増加の一途で，特に日本・韓国，東南アジア，オーストラリア・ニュージーランドなどの地域が比較的人気である。

㉓ (6) 問：春节去旅游有什么好处？
　　　（春節に旅行に行くことにはどんな利点があるか。）
　　答：① 可以节省费用。（費用を節約することができる。）
　　　　② 人多，热闹。（人出が多く，にぎやかである。）
　　　　❸ 出行方便，环境清静。（移動が便利で，静かな環境である。）
　　　　④ 可以避暑、避寒。（避暑や避寒ができる。）

> 　1行目"春节旅游，不但能避开返乡高峰造成的交通堵塞，还能享受到人少、清静的景点环境"（春節期間の旅行は，帰省ラッシュのもたらす交通渋滞を避けることができるのみならず，人が少なくて静かな観光地の環境を享受できる）から，③を選びます。

㉔ (7) 問：为什么春节的过夜旅游者较少？
　　　（なぜ春節の宿泊旅行客は少ないのか。）
　　答：① 因为天气寒冷。（寒いから。）
　　　　❷ 因为要在家过团圆年。（家で家族と年越ししたいから。）
　　　　③ 因为要避开人流高峰。（ラッシュを避けたいから。）
　　　　④ 因为春节的假期短。（春節の休みは短いから。）

> 　5行目"因为春节是一家团聚的节日，人们最重视的是在家里过团圆年"（春節は一家団欒の祝日であり，人々が最も重視するのは家で家族そろって年を越すことである）から，②を選びます。

㉕ (8) 問：长期以来春节旅游以什么为主？
　　　（長年にわたり春節の旅行の主となっているのはどのような旅行か。）
　　答：① 出境游。（外国旅行。）
　　　　❷ 避寒游。（避寒旅行。）
　　　　③ 周边游。（近場の小旅行。）
　　　　④ 冰雪游。（雪国旅行。）

> 　12行目"避寒游长期以来是春节旅游的重点，三亚、厦门等位于亚热带的城市一直是避寒的首选"（避寒旅行は，長年にわたり春節旅行の目玉であり，三亜，厦門などの亜熱帯に位置する都市は，常に避寒地候補のトップである）から，②を選びます。

㉖ (9) 問：选择出境游的人为什么增加？

98

(外国旅行を選択する人が増えているのはなぜか。)

答：① 因为国内旅游的人太多。（国内旅行をする人が多すぎるから。）
　　② 因为春节期间价格上调。（春節期間の価格が上昇しているから。）
　　③ 因为在国外过春节受欢迎。（外国で春節を過ごすのが人気だから。）
　　❹ 因为人民币升值，价格适中。（人民元高により，価格が手ごろだから。）

17行目 "由于人民币升值、出国旅行越来越便宜以及旅游者增多等因素，出境游的价格和国内游逐渐接近，不再那么高不可攀"（人民元が高くなったこと，外国旅行がますます安価になっていることや旅行者数が増加していることなどにより，外国旅行の価格は国内旅行と次第に同じくらいになりつつあり，もはや手の届かない高嶺の花というほどではない）から，④を選びます。"适中"は「形 ちょうどよい」。

27 (10) 問：与本文内容相符的是以下哪一项？
　　　　（本文の内容に合うものは，次のどれか。）

答：❶ 春节期间选择长途旅游较好。
　　　　（春節期間は長距離旅行を選択するのがよい。）
　　② 春节出去旅游的人是国庆节的两倍。
　　　　（春節に旅行に行く人は国慶節の2倍である。）
　　③ 春节的假期只有国庆节黄金周的一半。
　　　　（春節の休暇は国慶節のゴールデンウィークの半分しかない。）
　　④ 日韩、东南亚、澳新都欢迎中国游客春节去旅游。（日本・韓国，東南アジア，オーストラリア・ニュージーランドでは，いずれも中国人が春節に旅行に行くのを歓迎している。）

10行目 "春节期间去长途旅游是一个不错的选择"（春節期間中に長距離旅行をするというのは，なかなかに賢い選択なのである）と合うので，①を選びます。

[2] **500字程度の文章を聞いた後，指定された5か所の文を漢字で書き取ります。全体の内容を理解しながら，正しく漢字で書く能力を問います。**　　（各10点）

37　　到目前为止，日本已经有二十多人获得了诺贝尔奖。从这些获奖者的经历中，我们可以发现他们在童年时代的几个特点。
　　小的时候，(1)父母在他们的成长过程中，都扮演了重要的启蒙和引导的角色。比方带着他们亲近自然、启发他们探索自然，培养他们对未知世界的

好奇心等。(2)一个人幼年接触大自然，自然会萌生（méngshēng）出天真的
探索兴趣和欲望。这是非常重要的科学启蒙（qǐméng）教育。2002年获得诺
贝尔物理学奖的小柴昌俊说，他最难忘的就是小时候在学校后面的山上和同
学们追逐赛跑、在家跟着父母种蔬菜的那段时光。2001年获得化学奖的野依
良治表示，他立志研究化学，也是因为小时候受了父亲的影响。12岁的时候，
父亲带他参观了一家公司的新产品展览会，会上展出的一种从水、空气和石
油里提炼出来的黄色的尼龙丝让他觉得"化学实在是太神奇了"。(3)从此以后，
他就迷上了化学，一生和化学结下了不解之缘。

㊳　不少父母还使孩子从小就养成喜欢看书、善于阅读的习惯。1981年获得
诺贝尔化学奖的福井谦一在回忆中写道：他的父亲是个每天书不离手的人，
一有空闲，就坐下来看书。父亲的这一习惯也影响了他。他说"父母对我的
学习采取了不干涉的态度，一次也没有讲过'要好好念书'之类的话。但是，
(4)家里却经常笼罩着使孩子们不由自主地想去学习的严肃气氛。"

㊴　好几位获奖者都谈到，小时候读过的书对他们的成长有重要意义。其中
有人更是因为受到某本书的影响而坚定了人生的方向。小柴昌俊回忆说，上
小学时，班主任送给他一本爱因斯坦著的《物理学是怎样产生的》，读了以后，
使他对物理产生了极大兴趣，(5)几乎每天都漫游在神秘的物质世界里，最终
走上了物理研究之路。

　　小柴昌俊：こしば・まさとし。1926-。設計を指導・監督したカミオカンデによっ
　　　て，自然に発生したニュートリノの観測に成功したことにより受賞
　　追逐赛跑：追いかけっこをする
　　野依良治：のより・りょうじ。1938-。「キラル触媒による不斉反応の研究」によ
　　　り受賞
　　提炼：動化学的または物理的方法により化合物や混合物から取り出す
　　尼龙丝：名ナイロン繊維
　　不解之缘：成切っても切れない縁
　　福井谦一：1918-1998。「フロンティア軌道理論」により受賞。『学問の創造』（佼
　　　成出版社）などに回顧がある
　　笼罩：動（かごのように）覆っている
　　不由自主：成おのずと。"不由"は"不由得"，"自主"は"自己作主"

訳：これまでに，日本はすでに20人余りがノーベル賞を受賞した。これらの
　　受賞者の経歴から，私たちは，彼らの少年時代のいくつかの特徴を見出すこと

ができる。

　幼少期, (1)両親が彼らの成長過程において, いずれも重要な啓蒙的・指導的役割を果たしている。例えば, 彼らを連れて自然と触れ合ったり, 彼らに自然について探求するよう仕向けたりして, 彼らの未知の世界に対する好奇心などを育てている。(2)人は, 子供の頃自然に触れると, 探求への本当の興味と欲望が生み出されてくるものだ。これは非常に重要な科学的啓蒙教育である。2002年にノーベル物理学賞を受賞した小柴昌俊氏は, 最も忘れがたいのは, 幼い頃学校の裏山でクラスメートと追いかけっこをし, 家で両親と野菜を育てた頃のことであると言う。2001年に化学賞を受賞した野依良治氏もまた, 彼が化学の研究を志したのは, やはり幼い頃父親から受けた影響によると述べている。12歳のとき, 父親が彼を連れてある会社の新製品展示会を見に行ったが, そこで展示されていた水と空気, 石油から生成された黄色いナイロン繊維に, 彼は「化学は実に不思議極まるものだ」と感じたのである。(3)これ以後, 彼は化学にのめり込み, 一生涯切っても切れない縁を化学と結ぶことになったのだ。

　多くの親たちはまた, 幼い頃から子供たちに読書を好み, よく内容を理解できる習慣を身につけさせている。1981年にノーベル化学賞を受賞した福井謙一氏は回顧録の中で, 彼の父親は毎日本を手放すことのない人で, 暇さえあれば座って本を読んでいたもので, 父親のこういった習慣は彼にも影響したと書いている。彼は,「両親は私の勉強については不干渉の態度をとり, 一度も『しっかり勉強しなさい』といった類のことを言わなかった。しかし, (4)家の中は子供たちがおのずと勉強に向かいたくなる厳粛な雰囲気がいつも覆っていた。」と言う。

　何人もの受賞者が, 幼少期に読んだ本が彼らの成長に与えた重要な意義に言及しており, 中にはある本の影響を受けて人生の方向を固めたという人もいる。小柴昌俊氏は回顧してこう言っている。小学生の頃, 担任の先生が彼にアインシュタインの『物理学はいかに創られたか』という本をくれた。それを読んで, 彼は物理学に大いに興味を持ち, (5)ほとんど毎日神秘的な物質の世界を遊び回り, ついには物理学研究の道を歩むことになったのだと。

40　(1) 父母在他们的成长过程中，都扮演了重要的启蒙和引导的角色。

41　(2) 一个人幼年接触大自然，自然会萌生出天真的探索兴趣和欲望。

42　(3) 从此以后，他就迷上了化学，一生和化学结下了不解之缘。

(4) 家里却经常笼罩着使孩子们不由自主地想去学习的严肃气氛。

(5) 几乎每天都漫游在神秘的物质世界里,最终走上了物理研究之路。

筆 記 （⇨問題85頁）

1. 800字程度の文章を読み，流れをつかんで適当な語句を補う8問，正しいピンインを選ぶ1問，内容の理解を問う1問に答えます。語句の知識と読解力を問います。 (各2点)

解答：(1)❸ (2)❶ (3)❶ (4)❹ (5)❸ (6)❶ (7)❶ (8)❹ (9)❸ (10)❸

《绿荫（lùyìn）晚报》本来是这个森林城市的畅销报纸，曾经创下连续五年发行量达到全市人口百分之二十的全国最高记录。可是由于网络的日渐发达和智能手机的迅速普及，最近几年的订阅份数不断下滑，(1)眼看着 就要跌破百分之十的大关了。报社的人绞尽脑汁想出了扩充版面、增加专栏、开设电子版等办法，(2)总算 延缓了下滑，但形势仍然不容乐观。

在这种形势下，报社决定新年度的招聘（zhāopìn）工作改变方式，分两步走，先让笔试及格的人到报社实习一段时间，再根据实习中的表现，通过面试筛选（shāixuǎn）出录用的人。吴闻是个不善辞令，略带(3)腼腆 miǎntiǎn 的大学毕业生。在学校里，大家对他的评价是"默默无闻，心里有数(yǒushù)"。他以优秀的成绩在众多的应试者中 (4)脱颖而出，被安排到采编部实习。吴闻把全部精力都 (5)投入 到实习工作中，忙得不可开交。为了尽快把握报纸的特点，熟悉业务，他每天还挤出时间翻检、研读过去的报纸。

一个星期天，他带着报纸去附近的公园，坐在草地上读。几只蚊子飞来，手臂上被叮了好几个包，他感到奇痒难耐，手边儿又没有驱蚊喷剂，就扇（shān）着报纸驱赶蚊子。报纸的油墨味儿突然使他想到：(6)要是 往印报纸的油墨里添加一些驱蚊的成分，(6)那 读者在读报时蚊子就不敢靠近了。这样一来，报纸 (7)就 不仅是信息的载体（zàitǐ），也成了驱除害虫的工具，就连看过的旧报，也增加了一条废物利用的途径，岂不是一举多得吗？他马上回家上网查找能够驱除蚊子的植物，查到了一种有类似柠檬香味的驱蚊草。这种草含有一种挥发性成分，这种物质 (8)a 不但 能驱避蚊子，(8)b 还 有防虫作用，(8)c 却 对人体无害，(8)b 更 难得的是，它非常适合野外栽培。

面试那天，社长看着吴闻的自我介绍说："'默默无闻，心里有数'的小伙子，说说你对报纸的建议和进报社以后想怎么开始工作吧。"吴闻说："我建议把《绿荫晚报》变成'驱蚊'晚报，……"。接着又说："不管能不能进

报社，我下一步想做的事儿是写一篇介绍驱蚊草的文章，让它尽快生长在全市的公园和居民的院子里，改变我们这个森林城市蚊虫较多的环境。"听了他的话，社长忍不住笑着说："这真是个好建议！你这个吴闻哪，你 (9)何止／不光／非但 是'默默无闻'，你还能'默默无蚊'呢！"在场的人也都笑了起来。

跌破：動（価格などが）下がって（ある数値を）突破する

大关：名大台。ある基準による明らかなライン

绞尽脑汁：成知恵を絞る

专栏：名コラム

延缓 名（時間を）延ばす

筛选：動ふるいにかけて選別する

不善辞令：口下手である。"不善"は「動…がうまくない」、"辞令"は「名応対のことば」

默默无闻：成名前が世に知られていない

心里有数：成状況や問題を理解しており自信がある

不可开交：成どうしようもない。もっぱら"得"の後に状態補語として用いられる

翻检：動（書籍や文献を）めくって調べる

研读：動掘り下げて読み込む

被叮了好几个包：あちこち刺されてふくれた。"包"は「名はれ物」

奇：14行目"奇痒"の"奇"は「副非常に」。

驱蚊喷剂：名（蚊を含む）虫よけスプレー

油墨：名印刷用インク

载体：名媒体

一举多得：成一挙両得である。"一举两得"と同じ

訳：『緑蔭晩報』はもともとこの森林都市でよく読まれている新聞で、かつては5年連続して発行量が全市民の人口の20％に達するという全国最高記録を創ったこともあった。しかし、インターネットの日々の発達とスマートフォンの迅速な普及により、ここ数年は予約購読部数が減り続け、みるみるうちに10％の大台を割り込みそうな様子である。新聞社の人々は知恵を絞って紙面を拡充したり、コラムを増やしたり、電子版を開設するなどの手を打ち、なんとか下降を緩やかにしたが、情勢はやはり楽観できなかった。

　この状況の下、新聞社は新年度の社員募集方法の変更を決めた。2段階に分

け，まずは筆記試験の合格者を社内で一定期間実習させて，それから実習時の活動状況に基づき，面接を行って採用する人物を選ぼうというのだ。呉聞は，口下手で，いささかはにかみ屋の大学卒業生だった。在学中，皆が彼に下した評価は「ひっそりとして目立たないが，胸にはちゃんと考えがある」というものだ。呉聞は優秀な成績で多くの受験者の中から頭角を現し，取材編集部で実習することになった。呉聞はすべての精力を実習作業に注ぎ込み，大忙しだった。なるべく早く新聞の特徴を把握し，業務を熟知しようと，彼はまた毎日時間を捻出して，過去の新聞をめくって調べたり，じっくり読み込んだりした。

　ある日曜日，彼は新聞を持って近くの公園に行き，芝生に座って読んでいた。数匹の蚊が飛んできて，腕をあちこち刺されてふくれてしまった。彼はかゆくてたまらないが，手元には虫よけスプレーもないので，新聞紙を振って蚊を追い払った。新聞紙のインクの臭いに彼は突然思いついた，もし新聞を印刷するインクに蚊を駆除する成分を加えれば，読者が新聞を読むとき，蚊は近づくことはないだろうと。こうなると，新聞紙は情報の媒体のみならず，害虫駆除の道具にもなって，読み終えた古新聞にさえ，廃物利用の道も加わって，一挙両得ではあるまいか。彼はすぐさま家に帰るとインターネットで蚊を駆除できる植物を探し，レモンに似た香りの蚊よけ草を見つけ出した。この草にはある種の揮発性成分を含んでいて，この物質は蚊を駆除できるだけでなく，防虫作用もあり，人体には無害である。さらにありがたいのは，この草は野外での栽培に非常に適しているということだ。

　面接試験の当日，社長は呉聞の自己紹介を見ながら言った。「『ひっそりとして目立たないが，胸にはちゃんと考えがある』という青年さん，あなたの新聞に対する提案と入社後どのように仕事を始めようと思うか言ってください。」呉聞は言った。「私は『緑蔭晩報』を「蚊を駆除する」夕刊に変える提案をします…」，続けて「入社できるできないにかかわらず，私が次の段階でやりたいことは，蚊よけ草を紹介する文章を書いて，この草をできるだけ早く市内じゅうの公園と市民の家の庭で生長させ，私たちが住むこの森林都市の蚊が多い環境を変えることです。」その話を聞くと，社長は思わず笑いながら，「これは実によい提案だ。呉聞さん，あなたは『ひっそりとして目立たない』ばかりではなく『ひっそりと蚊をいなくする』でもあるんですね。」と言ったので，会場の人は皆笑い出したのだった。

(1) 空欄補充

　　最近几年的订阅份数不断下滑，☐☐就要跌破百分之十的大关了（ここ数年は予約購読部数が減り続け，みるみるうちに10％の大台を割り込みそう

な様子である)

① 眼底下（yǎndǐxia 名目の前）

② 不得已（形やむをえない）

❸ 眼看着（みるみるうちに。"眼看"〔副見る間に〕に"着"をつけて，望ましくない状況について言う）

④ 不由得（副思わず）

> "就要"の前に置く品詞と，"订阅份数"について用いる意味から適当な③を選びます。

(2) 空欄補充

报社的人绞尽脑汁想出了扩充版面、增加专栏、开设电子版等办法，□□□延缓了下滑，但形势仍然不容乐观（新聞社の人々は知恵を絞って紙面を拡充したり，コラムを増やしたり，電子版を開設するなどの手を打ち，なんとか下降を緩やかにしたが，情勢はやはり楽観できなかった）

❶ 总算（副やっとのことで）

② 终究（副結局）

③ 毕竟（副結局）

④ 到底（副とうとう）

> 予約購読部数回復の努力が続いているという文脈から適当な①を選びます。②③④は結論を表します。

(3) ピンイン表記

腼腆

❶ miǎntiǎn

② miǎndiǎn

③ miāntiǎn

④ miāndiǎn

> 「形はにかんでいる」。人見知りや恥ずかしさでぎこちない様子を表す畳韻（同じ韻母の字が二字重なる）の語。
> じょういん

(4) 空欄補充

他以优秀的成绩在众多的应试者中□□□，被安排到采编部实习（呉聞は優秀な成績で多くの受験者の中から頭角を現し，取材編集部で実習することに

なった)
① 毛遂自荐（戦国時代，秦の圧迫を受けた趙の平原君が，楚に救援を頼みに行くとき，毛遂が自分を伴うよう自薦し大いに功を立てたことから，「感自分から名乗り出て一役買う」）
② 锋芒毕露（感気力，才能がみなぎっている。「才能をひけらかしたがる」という意味でも用いられる）
③ 出头露面（感人前に出る）
❹ 脱颖而出（「錐(きり)を布袋の中に入れると，その先端は布袋を突き破って現れる」から「感才能が現れる」）

> "被安排到采编部实习"から彼が筆記試験に合格したことが分かります。その彼が"优秀的成绩"をもって"众多的应试者中"においてどうであったか，意味から適当な④を選びます。

(5) 空欄補充

吴闻把全部精力都□□到实习工作中，忙得不可开交
（呉聞はすべての精力を実習作業に注ぎ込み，大忙しだった）
① 投送（動郵送する。発送する）
② 投身（動身を投じる。献身する）
❸ 投入（動注ぎ込む）
④ 投靠（動人に頼って生活する）

> "精力"について用いるのに，意味から適当な③を選びます。

(6) 空欄補充

□□往印报纸的油墨里添加一些驱蚊的成分，□□读者在读报时蚊子就不敢靠近了（もし新聞を印刷するインクに蚊を駆除する成分を加えれば，読者が新聞を読むとき，蚊は近づくことはないだろう）
❶ 要是…那…（もし…それならば…）
② 如果…就…（もし…ならば…）
③ 就算…也…（たとえ…でも…）
④ 假如…便…（もし…ならば…）

> "往印报纸的油墨里添加一些驱蚊的成分"と"读者在读报时蚊子就不敢靠近了"の関係は「仮定と結果」なので，まず「仮定条件と譲歩」を表す③が除外されます。①②④のうち，2つ目の空欄に入れるのに品詞

から適当な接続詞"那"が用いられている①を選びます。

(7) 空欄補充

这样一来，报纸 ▭ 不仅是信息的载体，也成了驱除害虫的工具
（こうなると，新聞紙は情報の媒体のみならず，害虫駆除の道具にもなって）

❶ 就（副…ならば〜）
② 却（副かえって）
③ 还（副さらに）
④ 倒（副かえって）

"这样一来"を受けて結論を表す①を選びます。"这样一来"は決まった言い方ですが，ここも"一…就〜"（…すると〜）の呼応のかたちになっています。

(8) 空欄補充

这种草含有一种挥发性成分，这种物质 ▭a▭ 能驱避蚊子， ▭b▭ 有防虫作用， ▭c▭ 对人体无害， ▭d▭ 难得的是，它非常适合野外栽培
（この草にはある種の揮発性成分を含んでいて，この物質は蚊を駆除できるだけでなく，防虫作用もあり，人体には無害である。さらにありがたいのは，この草は野外での栽培に非常に適しているということだ）

① a 还 － b 却 － c 不但－ d 更
② a 还 － b 不但－ c 更 － d 却
③ a 不但－ b 却 － c 更 － d 还
❹ a 不但－ b 还 － c 却 － d 更

（a 接…だけでなく－b 副…も－c 副ところが－d 副さらに）

"▭a▭ 能驱避蚊子， ▭b▭ 有防虫作用， ▭c▭ 对人体无害"は"这种物质"について言っています。"能驱避蚊子"（蚊を駆除できる），"有防虫作用"（防虫作用がある），"对人体无害"（人体に無害である）の関係を考え，前の2つが累加の関係にあり，最後の"对人体无害"が前の2つと反する関係にあることをつかみ，④を選びます。"▭d▭ 难得的是，它非常适合野外栽培"の"它"は"这种草"を指します。製品化には栽培のしやすさが肝心なので，ここも④の"更"で適当です。

(9) 空欄補充（不適合）

你 ☐ 是'默默无闻'，你还能'默默无蚊'呢！（あなたは『ひっそりとして目立たない』ばかりではなく『ひっそりと蚊をいなくする』でもあるんですね）

① 何止（動〔反語の語気で〕どうして…〔ある数量や範囲〕にとどまるのか。…を超える）

② 不光（接…だけでなく）

❸ 何不（副〔反語の語気で〕どうして…しないのか）

④ 非但（接…だけでなく）

　"还"と呼応して累加を表す①②④が空欄に入るので，③を選びます。②④ははよく用いられる"不但"と同義語。

(10) 内容の一致

① 为了保持发行量记录，报社决定改变招聘方式。
　（発行量の記録を保持するため，新聞社は社員の募集方法を改める決定をした。）

② 含有柠檬香味的油墨可以驱赶蚊子。
　（レモンの香りをもつ印刷用インクは蚊を駆除できる。）

❸ 吴闻把同学的评价写进了自我介绍。
　（呉聞はクラスメートの評価を自己紹介に書き込んだ。）

④ 大家觉得吴闻的建议很可笑。
　（皆は呉聞の提案がとてもくだらないと思った。）

　9行目"在学校里，大家对他的评价是'默默无闻，心里有数'"（在学中，皆が彼に下した評価は「ひっそりとして目立たないが，胸にはちゃんと考えがある」というものだ）と22行目"社长看着吴闻的自我介绍说："'默默无闻，心里有数'的小伙子"（社長は呉聞の自己紹介を見ながら言った。「『ひっそりとして目立たないが，胸にはちゃんと考えがある』という青年さん）と合うので，③を選びます。

[2] 適当な語句を補います。読解力と語句の知識を問います。　　　（各2点）

解答：(1)❹　(2)❸　(3)❶　(4)❹　(5)❷　(6)❸　(7)❹　(8)❷　(9)❶　(10)❷

(1) 这些诗都是他住院时在病床上写的，字迹（ 潦草 ），难以辨认。（これらの詩はみな彼が入院中に病床で書いたもので，筆跡は乱れ，判別しがたい。）

① 轻浮（形軽薄である）
② 潦倒（liáodǎo 形落ちぶれている）
③ 轻率（形軽率である）
❹ 潦草（形〔字が〕整っていない）

　　"字迹"について用いるのに，意味から適当な④を選びます。

(2) 他对这个问题有不同于别人的独到见解，在会上（ 直截了当 ）地说出了自己的意见。（彼はこの問題について他の人とは異なる独自の見方を持っていて，会議では率直に自分の意見を述べた。）
① 一刀两断（成一刀両断にする。きっぱりと関係を断つ）
② 出类拔萃（chūlèi-bácuì 成抜群である。"萃"は「集まっている人や事物」）
❸ 直截了当（zhíjié-liǎodàng 成言動がストレートである。率直である）
④ 说一不二（成言ったとおりに実行する）

　　"独到"は「形（多くよい意味で）独特である」。"说出了"について用いるのに，意味から適当な③を選びます。

(3) 经过一个月的健身运动，老赵的体质有了显著的改善，体重最（ 起码 ）也掉了5公斤。（1か月のフィットネス運動を経て，趙さんの体質は明らかに改善し，体重は最低でも5kgは落ちた。）
❶ 起码（形最低限の。少なくとも）
② 至少（副少なくとも）
③ 基本（形根本的である。主要である）
④ 极端（形過激である）

　　副詞"最"の後に来る品詞と意味から適当な①を選びます。"最起码"（最低でも）のかたちでよく用いられます。

(4) 大家都走了，（ 唯独 ）他还留在公司里。
（皆は帰ってしまい，ただ彼一人会社にまだ残っている。）
① 单独（副単独で）
② 独处（動一人で暮らす）
③ 独自（副自分一人で）
❹ 唯独（副…だけ。ただ…）

後に名詞，代名詞をとり「…だけ」と範囲を限定する用法から適当な④を選びます。

(5) 上个星期发生的化学原料爆炸是一（ 起 ）重大的责任事故。
（先週起きた化学原料の爆発は管理責任が問われる重大な問題である。）
① 道（量川や細長い物，出入り口や塀，命令や問題などを数える）
❷ 起（量事件や事柄，ひと群れの人などを数える）
③ 阵（量一定の時間，事柄や動作が経過する一区切りを数える）
④ 回（量動作や事柄の回数を数える）

"事故"を数えるのに適当な②を選びます。

(6) 房间里没有开灯，（ 黑乎乎 ）的什么也看不清。
（部屋の中は灯りがついておらず，暗くて何もはっきりとは見えない。）
① 黑油油（形黒くてつやつやしているさま）
② 黑茫茫（形〔多く夜の景色について〕見渡す限り黒いさま）
❸ 黑乎乎（形光線が暗いさま）
④ 黑沉沉（形〔多く空について〕真っ黒なさま）

"房间里"という空間について用いるのに適当な③を選びます。

(7) 严老师是师范大学毕业的，是一位（ 专业 ）素养很高的教育工作者。
（厳先生は師範大学の卒業生で，高い専門知識を持つ教育者だ。）
① 专修（動専修する。専門課程を修める）
② 专攻（動専攻する）
③ 专长（zhuāncháng 名専門的な知識や技能）
❹ 专业（名専攻）

"素养"は「名素養。日頃の修養」。"素养"と組み合わさり「専門知識」の意味で用いられる④を選びます。

(8) 他是一个谦虚低调（dīdiào）的人，从来不向别人（ 炫耀 ）自己的财富和能力。（彼は謙虚で控えめな物言いをする人物で，これまで他人に自分の財産や能力をひけらかしたことはない。）
① 摆阔（動金持ちぶる）
❷ 炫耀（xuànyào 動ひけらかす）

③ 夸奖（動ほめる）

④ 逞强（chěngqiáng 動強がる）

　　"低调"は「形控えめな物言いをする」。"财富和能力"について用いるのに，意味から適当な②を選びます。

(9) 运动会正在进行，突然下起了大雨，操场上乱成了（　一锅粥　）。（運動会が行われている最中に，突然大雨が降り出し，グラウンドは大混乱となった。）

❶ 一锅粥（慣混乱したさま）

② 一锅端（「料理だけでなく鍋ごと持っていく」から「慣根こそぎ持っていく」）

③ 一锅煮（慣ごちゃごちゃにする。いっしょくたにする）

④ 一锅烩（yìguōhuì 慣ごちゃごちゃにする。いっしょくたにする。"烩"は動米などと具を混ぜて炊き込む」）

　　"乱成了"といっしょに用いられ混乱したさまを表す①を選びます。③と④は同義語。

(10) 张教授去年写了一篇论文，题目是《（　关于　）唐代诗歌》。
（張教授は昨年「唐代の詩歌について」というタイトルの論文を書いた。）

① 有关（介…に関する）

❷ 关于（介…について）

③ 对于（介…に対する）

④ 相关（動互いに関連する）

　　それを用いた介詞構造が単独で文章のタイトルになる②を選びます。タイトルを表すとき，①③は"有关…的～""对于…的～"のようなかたちになることが必要です。また，③は，関連のある事物ではなく対象となる事物を示すという点でも異なります。

3 　正しく解釈した文を選びます。語句の意味についての知識を問います。（各2点）

解答：(1)❸　(2)❹　(3)❷　(4)❷　(5)❶　(6)❹　(7)❸　(8)❷

(1) 昨天很多外地来的旅游者和本地市民参加了世博园内的服装纺织馆的剪彩等活动。（昨日は多くの旅行客と当地の市民が万博会場内の服装紡織館のテープカットなどの活動に参加した。）

① 闭幕仪式（閉幕式）

112

② 服装展销（服飾展示即売会）
❸ 落成典礼（落成式）
④ 时装表演（ファッションショー）

> "世博"は"世界博览会"（图万国博覧会）の略。"剪彩"は「動テープカットをする」で，ここでは名詞として用いられています。これは建物ができたときに行われる落成式の象徴的な活動なので，③を選びます。

(2) 这是一部描写啃老族（kěnlǎozú）的电视剧，引起了各个年龄层的兴趣，收视率很高。（これは親のすねかじり族を描いたテレビドラマで，各年齢層の興味を引き，視聴率が高い。）
① 靠子女养活（yǎnghuo）的老年人（子供に頼って暮らす老人）
② 靠父母养活的儿童（親に頼って暮らす児童）
③ 靠中年人养活的老年人（中年の人に頼って暮らす老人）
❹ 靠父母养活的成年人（親に頼って暮らす大人）

> "收视率"は「图視聴率」。"啃老族"は「图すねかじり族。すでに生計を立てる能力がありながら，親に頼って生活する成人たち」なので，④を選びます。「ニート」は15〜34歳と定義しているので，ズレがあります。

(3) 这篇小说对当前的社会现象和人们的心理状态做了入木三分的刻画。（この小説は，目の前の社会現象と人々の心理状態に対して深い洞察力を備えた描写を行っている。）
① 形容描写全面。（描写が全面的になされていることを形容する。）
❷ 形容见解深刻。（見解の深さを形容する。）
③ 形容描写粗略。（描写の粗雑さを形容する。）
④ 形容见解肤浅。（見解の浅さを形容する。）

> "刻画"は「動描写する」。"入木三分"は「成議論や見解が深い」なので，②を選びます。王羲之が板に文字を書くと，墨が板に染みこんだという故事に基いています。

(4) 今年第一季度，个人用电脑大幅度降价，这个公司成了亚洲计算机市场的最大的输家。（今年度第一四半期，パソコンは大幅に値を下げ，この会社はアジアのコンピューター市場で最大の負け組となった。）

① 出口商（名輸出業者）
❷ 失败者（名敗北者）
③ 进口商（名輸入業者）
④ 成功者（名成功者）

> "季度"は「名四半期」。"输家"は「名ばくち，試合，競争で負けた方。負け組」なので，②を選びます。"家"は相対する一方を指し，ほかにも"赢家"（勝った方），"上家"（〔ゲームなどをするとき〕前の人），"下家"（次の人）などのように用いられます。

(5) 我怀着喜悦而<u>忐忑</u>（tǎntè）的心情来到会场，走上了主席台。
（私はうれしいながらも落ち着かない気持ちで会場に来て，議長の席に上った。）
❶ 心神不定。（気持ちが落ち着かない。）
② 满怀信心。（自信満々である。）
③ 心满意足。（咸十分満足である。）
④ 力不从心。（咸気持ちはあるが，力が足りない。）

> "忐忑"は「形気持ちが落ち着かない」なので，①を選びます。"忐"も"忑"もこの語でしか用いられず，心が上に上がったり下に下がったり，落ち着かない状態を表しています。

(6) 中国女子中长跑选手人数很多，成绩<u>傲人</u>。
（中国女子中長距離走選手の数は多く，成績は誇るに足る。）
① 让别人自满。（他人をいい気にさせる。）
② 对自己评价过高。（自己を過大に評価している。）
③ 看不起别人。（他人を見下す。）
❹ 值得自豪。（自ら誇りに感じるに値する）

> "傲人"は「形（成績などが）自ら誇りに感じるに値する」なので，④を選びます。

(7) 候机室里不少等飞机的乘客在椅子上<u>打盹儿</u>（dǎdǔnr）。
（空港の待合室では搭乗を待つ多くの乗客が椅子でうたた寝をしている。）
① 躺着。（横になっている。）
② 伸懒腰。（疲れたときに腕や腰を伸ばす。）
❸ 小睡。（短い睡眠をとる。）

④ 闭眼睛。(目を閉じる。)

　　"打盹儿"は「動（多く座ったり寄りかかったりして）短時間眠る」なので，③を選びます。

(8) 听了记者提出的问题，这家公司的经理不假（bùjiǎ）思索地做了回答。
（記者の出した質問を聞くと，この会社の社長はすぐさま回答した。）
　① 形容回答的不是问的内容。（答えがトンチンカンなことを形容する。）
　❷ 形容说话做事迅速。（話や行動が迅速なことを形容する。）
　③ 形容回答问题简单明了（míngliǎo）。
　　（質問への回答が簡単明瞭であることを形容する。）
　④ 形容说话做事慌忙。（話や行動が慌ただしいことを形容する。）

　　"不假思索"は「國考えもせずに。すぐさま」なので，②を選びます。
　　"假"はこの場合，書き言葉で「動借りる」という意味。

4　600字程度の文章を読み，2か所のピンインを漢字に改め，3つの文を日本語に訳します。全体の内容を理解しながら，正しく漢字で書く能力，日本語の翻訳力を問います。　　　　((1)各4点，(2)(a)6点，(b)(c)各7点)

　　几位演员在一起谈演戏的心得。有一位说："我喜欢演有特点的人物，(a)尤其是做事异乎寻常、让人出乎意料的人物。" 另一位说："怪不得你演流氓演得好，演教师就怎么也演不像。" 还有一位说："我演悲剧或者演喜剧都能进戏，演得十分悲惨或者格外欢乐，可是就是演不了一般的正剧，无论如何也进不了戏。" 经过大家(ア)qīzuǐ-bāshé 七嘴八舌的议论，得出了两个结论：一是不管电影、电视或舞台，演流氓、妓女、失败者、邪恶者（xié'èzhě）、落拓者（luòtuòzhě）总是容易一些，也可以演得(イ)chuánshén 传神。那是因为人们对坏的形象有一种共同的认知，可是对善良的一般的人却没有共同的标准。二是世上最难演的，就是那些过着平顺的日子，没有什么冲突的人，像教师、公务员、小职员、家庭主妇等。因为这些人(b)生活一成不变，人生波澜（bōlán）不惊，总是一个模式。

　　一个演员感慨地说："平凡是最难演的呀！" 如果把这句话稍做改动，我们也可以说："平凡是最难的呀！" 平凡就是平顺、安常、知足，平凡人的一生就是平安知足的一生。一个社会的开创固然需要很多非凡人物的创造，但一个社会能否持久安定地维持文化的尊严与品格，则需要许多平凡人的默默

奉献与牺牲。每个人青年时代的立志，多是要做顶天立地的大丈夫，要做叱咤风云(chìzhà-fēngyún)的大人物，可是后来才发现，其实自己不过是社会里平凡的一分子(fēnzǐ)，无法变成大英雄大豪杰。不过从更大的角度看，(c)那些自命不凡的大人物，何尝不也是宇宙的一粒沙尘呢？平凡是难演，但是平凡最可贵，因为任何社会都离不开平凡。

进戏：動劇に没入する
正剧：名市民劇。劇形式の一つで，悲劇と喜劇の要素を兼ね備える
平顺：形平穏である
安常：形安楽である
顶天立地：「頭は空をいただき，足は大地にすっくと立つ」から「成堂々としたさま」
叱咤风云：「どなれば風や雲を起こすことができる」から「成勢力や威力が大きい」

訳：数名の俳優が一緒に芝居談義をしていた。一人が言った，「私は特徴のある人物を演ずるのが好きだ。(a)とりわけ振る舞いが突拍子もなくて，意外性を感じさせる人物がね。」別の一人が，「なるほど，道理で君はごろつきの演技がうまいわけだ。教師をやったらどうしてもそれらしくやれないのにね」と言った。また別の一人は，「私は悲劇か喜劇を演じると没入できるんだ。思いっきり悲惨か，とてつもなく楽しく演じられる。でも普通の市民劇となるとうまく演じられない。どうやっても芝居の中に入り込めないんだ」と言った。みんなであれこれ議論した末，二つの結論を得た。一つは，映画，テレビ，あるいは舞台であろうと，ごろつきや娼婦，敗北者，悪人，落ちぶれた人を演じるのは，総じて比較的簡単であるし，真に迫った演技をすることができるということである。それは，人々は悪のイメージに対して一種の共通認識を持っているからだが，善良でありふれた人物については共通する基準がないからである。二つ目は，世の中で最も演じにくいのは，平穏な日々を送り，何の衝突もない人物で，教師，公務員，サラリーマン，主婦などがそれであるということだ。これらの人物は，(b)いったん生活ができあがれば何も変わることなく続き，人生に波瀾は起きず，(その生活や人生は) いつも同じ調子だからだ。

ある俳優が感慨深く，「平凡が一番演じにくいよなあ！」と言った。もしこのことばをほんの少し変えるなら，我々はまたこう言えるだろう，「平凡が一番難しいものだなあ！」と。平凡とは平穏で，安楽で，満ち足りたもので，平凡な人間の一生とは平安で満ち足りた一生なのだ。一つの社会を創るためには，もちろんたくさんの非凡な人物の創造が必要だが，社会が長く安定的に文化の尊厳と品格を保つことができるかどうかは，たくさんの平凡な人間の黙々とし

た貢献と犠牲を必要とする。各自が若い頃目指すことは，その多くが堂々とした英雄となり，威力がある大人物となることであろうが，後になれば，実際には自分は社会の中の平凡な一分子に過ぎず，大英雄にも大豪傑にもなり得ないのだと気付く。ただし，さらに広い視野に立って見れば，(c)自分は偉大だと思い込んでいる大人物らも，しょせんは宇宙の中の一粒の砂に過ぎないのである。平凡とは演じにくいものだ，しかし平凡は最も貴重である。いかなる社会も平凡から離れることはできないのだから。

(1) (ア) qīzuǐ-bāshé

七嘴八舌

「國多くの人が口々に言う」。

(イ) chuánshén

传神

「形（文学や芸術作品に描かれた人や物が）生き生きと真に迫っている」。

(2) (a)～(c)上記を参照

(a)の"异乎寻常"は「國尋常ではない」で，ここでは役柄の人物についてなので「振る舞いが突拍子もない」などとなります。"出乎意料"は「國予想外である」。(b)の"一成不变"は「國いったんできあがれば，何も変わらない」。(c)の"自命不凡"は「國自分で偉大だと思う」。"何尝…呢？"は反語「どうして…であろうか」という意味。問題文では否定の表現に用いているので，結局，強い肯定を表します。

5 100字程度の日本語の文章2題を中国語に訳します。会話，手紙，論説などの少しまとまった長さの文章を組み立てる能力を問います。 （各10点）

(1) 私たちは親を選ぶことはできないが，友達を選ぶことはできる。道理から言えば自分が選ぶ人は自分の理想にかなっているはずだが，実際必ずしもそうではない。なぜなら，選択は双方向のものなので，お互いに欠点を許容する必要があるからだ。

我们不能选择父母，但可以选择朋友。按理说自己选择的人应该符合自己的理想，但是事实未必如此。因为选择是双向的，互相有必要容忍对

方的缺点。

　　「道理から言えば」は"按道理说"としてもかまいません。「かなっている」は"符合"。「…はずだ」という推測は，この場合，「自分で選ぶのだから当然そうだ」という道理に基いていますので"应该"を用います。「必ずしもそうではない」には"未必如此"という決まった言い方がありますが，"未必是这样""不一定是这样"でもかまいません。「双方向（である）」は形容詞"双向"。「許容する」は"容忍"。「…する必要がある」は"需要""不得不"でもかまいませんし，また"这就使我们互相｛有必要／需要／不得不｝…"と使役のかたちにしてもかまいません。

(2) まさか自分の住む都市でもう一度オリンピックを観ることができるなんて，夢にも思わなかった。私はなんて幸運なんだろう！前回はまだ子供だったから何もわからなかったが，今回は世界レベルの選手たちの試合を存分に観戦するぞと心に決めている。

做梦也没想到能在自己住的城市再一次看奥运会，我是多么幸运哪！上次我还是孩子，什么都不懂，这次一定要好好看看世界水平的运动员们的比赛。

　　「まさか…なんて，夢にも思わなかった」は"做梦也没想到…"という決まった言い方があります。「自分の住む都市でもう一度オリンピックを観ることができる」は，用いる語に難しいものはありませんが，語順に注意が必要です。「助動詞"能"＋場所を表すことば"在自己住的城市"＋回数を表すことば"再一次"＋動詞"看"＋目的語"奥运会"」と並べます。「なんて…なんだろう！」の語気助詞"哪"は，"啊"がその前の尾音ｎの影響を受けて変わった音のnaを表していますが，元の"啊"と記してもかまいません。また，語気助詞がなくてもかまいません。"我是多么"の"是"もなくてもかまいませんが，文全体を強く肯定する意味があります。「子供」は"小孩儿"とも訳せますが，"小孩儿"のほうが幼く，物事がわかる"成人""大人"と区別する意味で用いる"孩子"がここでは適切です。「選手たち」はこの場合，"奥运选手们"とも表せます。「…するぞと心に決めている」は"一定要…"で表すことができます。"决心…""决心要…"としてもかまいません。

118

1級第87回
(2015年11月)

問題
- リスニング ……………………………… 120
- 筆　記 …………………………………… 123
  - 解答時間：計120分
  - 配点：リスニング100点，筆記100点

解答と解説
- リスニング ……………………………… 130
- 筆　記 …………………………………… 141

リスニング （⇨解答と解説130頁）

1 中国語を聞き，(1)〜(10)の問いの答えとして最も適当なものを，それぞれ①〜④の中から1つ選び，その番号を解答欄にマークしなさい。　　　　　　　（50点）

メモ欄

(1)　①　　②　　③　　④

(2)　①　　②　　③　　④

(3)　①　　②　　③　　④

(4)　①　　②　　③　　④

(5)　①　　②　　③　　④

メモ欄

1級 第87回 問題 〔リスニング〕

(6)
① ② ③ ④

(7)
① ② ③ ④

(8)
① ② ③ ④

(9)
① ② ③ ④

(10)
① ② ③ ④

② はじめに中国語の文章を読みます。続いて文章の中から5か所を選んで読みますので，その5か所を漢字で解答欄に書きなさい。　　　　　　　　　　（50点）

メモ欄

筆 記 (⇨解答と解説141頁)

[1] 次の文章を読み，(1)～(10)の問いの答えとして最も適当なものを，それぞれ①～④の中から1つ選び，その番号を解答欄にマークしなさい。　　　　　　　　　(20点)

众所周知，警察的天职是打击犯罪、维护治安。然而，香港的警察不仅要　(1)　，还必须谨慎理财，也许你会认为这是一大奇闻。香港的《警察通例》中有一项规定：警务人员因理财不慎　(2)　财务困难，将被视为影响工作效率的要因，并将因此受到处分。按常理，个人理财与工作完全是两码事，风马牛不相及。现代管理大多崇尚以人为本，而这项规定却更像是与人为敌。时下流行的"月光族"恐怕会说：我自己的劳动所得，只要不触犯法律，不违背公德，你管得着我怎么花吗？世界著名的自由港原来不自由，花自己的钱居然要受纪律的　(3)　，这真有些不可思议。

其实，把个人的金钱与工作效率　(4)　并非港人首创。北宋的宰相司马光就(5)秉持这一观点。因身居高位，司马光的府上自然是　(6)　。司马光常会问前来求官者一个问题：你家有没有银子？被问者无不莫名其妙。在封建时代，知识分子认为谈论金钱是很丢人的事。于是，有人问司马光，为国家选拔人才当　(7)　，你怎么总是问人家有没有银子呢？司马光解释道：如果一个人穷得连买米的钱都没有，作了官之后，手中的权力自然就成了饭碗，一旦原则和利益发生冲突，其人格和思想就很难保持独立。在司马光看来，一个人要保持人格独立和精神自由，至少应当具备最基本的经济能力。香港警方正是基于相同的认识，制定了要求警察谨慎理财这条看似奇怪的纪律。这样可以防止有人因缺钱而滥用权力，起到防患于未然的作用。换个角度来看，这也是对警察的一种　(8)　。

也许有人不服气：我虽然人穷，但志却不短，古人可以"贫贱不能移"，凭什么怀疑我做不到？别忘了，数千年来，真正做到"贫贱不能移"的，可谓屈指可数、寥若晨星。退一步讲，即使你本人可以　(9)　，但当你的家人无米下锅、无钱买药，而你手中的权力恰恰能够换回家人的生命时，你将做何选择？古人云：仓廪实而知礼节，衣食足而知荣辱。西方也有句谚语：口袋空空的人腰杆儿挺不直。说的都是这个道理。

在人们的习惯思维中，金钱似乎是万恶之源，其实金钱本身并无善恶之分。适量的金钱不仅能让你避免饥寒交迫，还可以有效地保证你人格的独立和精神的自由。

(1) 空欄(1)を埋めるのに適当なものは，次のどれか。
① 拔刀相助　　② 临阵磨枪　　③ 大义灭亲　　④ 除暴安良

(2) 空欄(2)を埋めるのに適当なものは，次のどれか。
① 导向　　　② 导致　　　③ 引导　　　④ 诱导

(3) 空欄(3)を埋めるのに適当なものは，次のどれか。
① 拘束　　　② 拘谨　　　③ 约束　　　④ 约定

(4) 空欄(4)を埋めるのに適当なものは，次のどれか。
① 挂钩　　　② 挂号　　　③ 挂牌　　　④ 挂彩

(5) 下線部(5)の正しいピンイン表記は，次のどれか。
① píngchí　② bǐngzhí　③ píngzhí　④ bǐngchí

(6) 空欄(6)を埋めるのに適当なものは，次のどれか。
① 门可罗雀　② 门当户对　③ 门庭若市　④ 门户之见

(7) 空欄(7)を埋めるのに適当なものは，次のどれか。
① 唯利是图　② 任人唯亲　③ 唯命是从　④ 任人唯贤

(8) 空欄(8)を埋めるのに適当なものは，次のどれか。
① 掩护　　　② 呵护　　　③ 爱戴　　　④ 拥戴

(9) 空欄(9)を埋めるのに適当なものは，次のどれか。

① 不为五斗米折腰

② 不看僧面看佛面

③ 不见棺材不落泪

④ 不识庐山真面目

(10) 本文の内容と**一致しないもの**は，次のどれか。

① 人们普遍地认为，金钱是各种犯罪现象产生的主要原因。

② 经济状况不好的官员比较容易丧失立场，沦为犯罪分子。

③ 以自由港闻名的香港其实并不自由，人们不能随心所欲地花钱。

④ 香港警方要求警察处理好个人财务的初衷是为了防止以权谋私。

2 (1)～(10)の中国語の空欄を埋めるのに最も適当なものを，それぞれ①～④の中から1つ選び，その番号を解答欄にマークしなさい。　　　　　　　　(20点)

(1) 那个地区的局势持续紧张，导致国际铜矿石价格一路（　　　）。

　① 擢升　　　② 飙升　　　③ 晋升　　　④ 超升

(2) 小孩子说话总是这样（　　　），你别往心里去。

　① 没分寸　　② 没心思　　③ 没眼力　　④ 没脸面

(3) 他们始终坚持（　　　）、开拓创新的原则，不断研制出新产品。

　① 与日俱增　② 好高骛远　③ 墨守成规　④ 与时俱进

(4) 他这个人就是爱（　　　），就两个人吃饭，竟点了一大桌子菜。

　① 摆架子　　② 摆摊台　　③ 摆谱儿　　④ 摆龙门阵

(5) 最近在歌坛非常（　　　）的那个歌手，一年前还是个小学老师。

　① 走红　　　② 火红　　　③ 蹿红　　　④ 走火

(6) 民主制度的建立需要一个循序渐进的过程，不可能（　　）。
　　① 一触即发　　② 一蹴而就　　③ 一如既往　　④ 一应俱全

(7) 他们夫妇俩从来不在孩子或外人面前（　　）。
　　① 绕嘴　　② 顶嘴　　③ 拌嘴　　④ 走嘴

(8) 作为一个业余作家，他取得了许多专业作家也难以（　　）的成就。
　　① 望洋兴叹　　② 望其项背　　③ 望眼欲穿　　④ 望而生畏

(9) 我们可以反对他人的意见，但是不能（　　）他人发表意见的权力。
　　① 篡夺　　② 抢夺　　③ 剥夺　　④ 掠夺

(10) 最近很少能听到什么令人感到（　　）的好消息。
　　① 龙飞凤舞　　② 眉飞色舞　　③ 欢欣鼓舞　　④ 载歌载舞

---

[3] (1)～(8)の中国語の下線を付した語句の説明として最も適当なものを，それぞれ①～④の中から１つ選び，その番号を解答欄にマークしなさい。　　(16点)

(1) 我可不愿意管这种<u>八竿子打不着</u>的事儿，你还是找别人吧。
　　① 比喩跟自己没有关系。　　② 比喩花费时间和精力。
　　③ 比喩既费力又不讨好。　　④ 比喩很早以前发生过。

(2) 因为第一次遇到这种情况，她有点儿<u>慌了手脚</u>。
　　① 比喩行为非常大胆。　　② 比喩情绪特别激动。
　　③ 比喩不知如何应对。　　④ 比喩动作十分敏捷。

(3) 这种时候<u>打退堂鼓</u>是绝对不行的。
　　① 比喩做事不留余地。　　② 比喩做事中途退缩。
　　③ 比喩做事不计后果。　　④ 比喩做事没有计划。

(4) 这种风凉话我听得多了，早就习惯了。
　　① 比喻没有事实根据的话。
　　② 比喻没有实际意义的话。
　　③ 比喻程式比较固定的话。
　　④ 比喻讽刺挖苦别人的话。

(5) 他这个人不管做什么都丁是丁，卯是卯的。
　　① 比喻认真，毫不马虎。
　　② 比喻死板，不讲情面。
　　③ 比喻胆大，敢于承担。
　　④ 比喻手巧，模仿力强。

(6) 以前，相关的几个部门经常在这个问题上踢皮球。
　　① 比喻互相争抢，都想获得利益。
　　② 比喻互相推诿，谁都不想负责。
　　③ 比喻互相协助，共同取得成功。
　　④ 比喻互相欺骗，避免自己吃亏。

(7) 我觉得你这样做太划不来了，你再想想吧。
　　① 表示不大方。
　　② 表示不值得。
　　③ 表示不对劲。
　　④ 表示不应该。

(8) 他是一个遇到事儿就爱钻牛角尖的人。
　　① 比喻固执己见，不知变通。
　　② 比喻只看眼前，不计后果。
　　③ 比喻针锋相对，不肯让步。
　　④ 比喻争强好胜，不甘落后。

4 次の文章を読み，下線部(1)～(3)を日本語に訳し，解答欄に書きなさい。　　(24点)

　如果你一直在仰视，就会觉得自己始终处于下方。如果你总是在俯视，就会觉得自己一直位于高端。如果你常觉得自己落后，那么你肯定是一直在前瞻。如果你老觉得自己领先，那么你肯定是一直在后顾。
　(1)目光决定不了位置，但位置却永远因目光而不同。关键是即使我们处在一个固定的位置上，目光却依然可以投往任何一个方向。只要我们安于自己的位置，周围的一切就会以我们为中心。相反，如果我们始终感到没有一个合适的位置，那么周围的一切就都会变成主人，(2)我们得跑前跑后地侍候，我们得忽左忽右地奉承，我们得上窜下跳地迎合，我们得内揣外度地恭维。
　伟大的人，总是位置在选择他；平庸的人才会东张西望地选择位置。其实位置本身并没有多大差别，但在不同位置上的人审视同一物体时却往往会有不同的印象。当演员就要学会表演，做观众就要懂得欣赏，而我们恰恰既是演员又是观众。(3)作为父母，我们会对子女多一份爱心、耐心和永不熄灭的希望；作为子女，我们会对父母多一份真情、深情和永不消减的愧疚。只有处在别人的位置上时，才会理解别人的苦与乐。我们应当记住：无论何时都不要以自己的位置来炫耀自己，同时也不要以他人的位置来贬低他人。处在什么位置，就在什么位置寻找意义。

5 (1)・(2)の日本語を中国語に訳し、解答欄に書きなさい。　　　　　（20点）

(1) 現代人は情報をいかに集めるかに腐心せざるを得ない状況に置かれている。情報とは判断を下したり行動を起こしたりするために必要な、種々の媒体を介しての知識である。つまり、判断や行動を目的として求められる知識であり、無用の知識は情報とは言わない。

(2) わたしはファイナンシャルプランナーとして家計相談を受けることがたびたびあるが、最近共働きの若い夫婦が増えてきたことを実感している。男女雇用機会均等法による女性の社会進出も一因ではあるが、長引く不況で若者世代の給料が伸び悩み、男性一人の収入ではゆとりのある生活をすることが難しいという背景もある。

リスニング （⇨問題120頁）

1 600字程度の2つの文章を聞き，内容についての問い5問ずつに答えます。ポイントとなる内容を聞き取り，全体の趣旨をつかむ能力を問います。（各5点）

解答：(1)❷　(2)❸　(3)❹　(4)❶　(5)❷　(6)❷　(7)❹　(8)❸　(9)❶　(10)❸

(1)〜(5)の中国語

04　　浙江省有个叫李家村的小镇，它很古朴，也很优雅，可以说是个世外桃源，是一块没有被现代商业界人士发现的净土。幸亏未被发现，它才一切照旧。一条小河流过小镇中央，河上横卧着的数座石桥已有三百多年的历史了。两岸的各种店铺基本上保持着几十年前的样子。其他地方常见的时装店、古玩店和旅游商品店等在这里一概不见踪影(zōngyǐng)。

05　　当地的主要产业是养鱼和养蚕，种稻已是副业。村民们的生活自给自足，安逸平稳。李家村有千年以上的历史，这个小镇上曾经出过五十多位进士，近代以后又出了一大批留学生，甚至出过科学家和外交家。文化底蕴(dǐyùn)十分深厚。鲁迅曾说过：越是民族的就越容易走向世界。就是说，越是民族的、有个性的，就越能为世人所称道。李家村很符合鲁迅所说的观点。科技上越新越好，文化上越老越好。在意大利，以古斗兽场为核心的罗马市中心区，竟然是一片残垣(cányuán)断壁。而这也正是意大利人心中的无价珍宝，他们说这才是最美的。

06　　为什么？因为它"老"，"老"就是人类文明的骄傲。遗憾的是，在我们这里，"文化上越老越好"在相当一段时间里被当作错误甚至反动观点，得不到认同。难怪我们的老城墙、四合院和古城镇都保不住。好在我们今天终于认识到了，亡羊补牢(wángyáng-bǔláo)，为时(wéishí)未晚。李家村很小，小到在地图上都难以找到。然而，它又大得不得了，因为它代表着文化价值，代表着文明古镇的命运和前途。但愿它能够承担这份重任。

踪影：名形跡。搜索の対象を指し，多くそれが見つからないという文脈で用いられる

千：7行目"千年"の"千"は，書き言葉のため前に"一"がついていない

底蕴：名（文化的な）蓄積

古斗兽场：コロセウム。ローマ帝政時代に造られた野天の巨大な円形闘技場で，

5万人を収容する
　残垣断壁：「欠けて完全でない壁」から「國建物が破壊され荒れ果てた光景」
　好在：副幸いにも
　亡羊補牢：「羊に逃げられてから柵を修繕する」から「國失敗した後，繰り返さ
　　ないよう手だてを講じる」
　为时：動時間の長さや早い遅いという観点から見る。時間的に見る
訳：浙江省に李家村という古くて，美しい小さな村がある。桃源郷とも言うべきで，現代のビジネス人士に見つけられていない汚れのない所である。幸いにして見つけられていないため，すべてが昔のままである。小川が村の真ん中を流れ，川に横たわるいくつかの石橋はすでに300年を超える歴史がある。両岸の様々な店はほとんど数十年前の様子を保ったままである。他の場所ではよく見かけるブティック，骨董店，土産物店などはここには一切見当たらない。
　　ここの主要産業は魚の養殖と養蚕で，稲作はすでに副業である。村人たちの生活は自給自足で，のんびりと穏やかである。李家村は千年以上の歴史があり，この村はかつて50人以上の進士を，近代以降はまた多くの留学生を輩出し，科学者や外交官になった者さえいる。文化的な蓄積がたいへん厚いのである。魯迅はかつて，民族的であればあるほど，世界に広がりやすいと言った。つまり，民族的で，個性的であればあるほど，世間の人に賞賛されるのだ。李家村は魯迅が言うところの観点に符合している。科学技術は新しいほどよいが，文化は古いほどよい。イタリアのコロセウムを核とするローマ市中心部は，なんと荒れ果てた光景である。しかし，これもまさにイタリア人の心の中では何物にも代え難い宝であり，彼らに言わせれば，これこそが最も美しいのである。
　　なぜか？それは「古い」からだ，「古い」ということはつまり人類の文明の誇りなのだ。残念ながら，私たちのところでは，「文化は古いほどよい」ということが相当長い間，誤りひいては反動的な見方とされ，認められなかった。私たちの古い城壁，四合院，古い町が永らえなかったのは無理もない。幸いにも私たちは今日ついにそれに気づき，事後の手当てでもまだ遅くはない。李家村はとても小さく，地図でも見つけにくいほどだ。しかしながら，また非常に大きくもある，なぜなら李家村は文化の価値を代表しており，文化的に古い村の運命と前途を代表しているからだ。李家村にはこの重責に耐えてもらいたいものである。

07 (1) 問：作者为什么把这个小镇称为"世外桃源"？
　　　（作者はなぜこの小さな村を「桃源郷」と呼ぶのか。）

答：① 因为在地图上根本找不到这个小镇。
　　　（地図では全くこの小さな村が見つけられないから。）
　　❷ 因为它还没有被纳入现代商业体系。
　　　（まだ現代の商業システムに組み込まれていないから。）
　　③ 因为只有一条小河能通到这个镇上。
　　　（1本の小川だけがこの村に通じているから。）
　　④ 因为它已经有三百年以上的历史了。
　　　（すでに300年以上の歴史があるから。）

> 1行目"可以说是个世外桃源，是一块没有被现代商业界人士发现的净土"（桃源郷とも言うべきで，現代のビジネス人士に見つけられていない汚れのない所である）から，②を選びます。

08 (2) 问：现在小镇上的居民主要以什么为生？
　　　（現在小さな村の住民は主に何で生計を立てているか。）
　　答：① 镇上大多数人经营各种旅游品商店。
　　　　（村の大部分の人は様々な土産物店を経営している。）
　　② 镇上大多数人经营时装店和古玩店。
　　　（村の大部分の人はブティックと骨董品店を経営している。）
　　❸ 居民收入的主要来源是养鱼和养蚕。
　　　（住民の主な収入源は魚の養殖と養蚕である。）
　　④ 种稻仍然是居民最主要的经济来源。
　　　（稲作が依然として住民の最も主要な経済収入である。）

> 6行目"当地的主要产业是养鱼和养蚕，种稻已是副业"（ここの主要産業は魚の養殖と養蚕で，稲作はすでに副業である）から，③を選びます。

09 (3) 问：为什么说这里有非常丰厚的文化底蕴？
　　　（なぜここには非常に豊かな文化的な蓄積があると言うのか。）
　　答：① 因为大批留学生在这里工作和生活。
　　　　（たくさんの留学生がここで仕事をし生活をしているから。）
　　② 因为这里来过很多科学家和外交家。
　　　（ここに多くの科学者と外交官が来たことがあるから。）
　　③ 因为这里是大文豪鲁迅先生的故乡。
　　　（ここは大文豪魯迅先生の故郷であるから。）

❹ 因为历史上这里出过很多文人、学者。

（歴史的にここはたくさんの文人，学者を輩出したから。）

　　8行目"文化底蕴十分深厚"（文化的な蓄積がたいへん厚いのである）の前，7行目"李家村有千年以上的历史，这个小镇上曾经出过五十多位进士，近代以后又出了一大批留学生，甚至出过科学家和外交家"（李家村は千年以上の歴史があり，この村はかつて50人以上の進士を，近代以降はまた多くの留学生を輩出し，科学者や外交官になった者さえいる）から，❹を選びます。

10 (4) 問：这个小镇符合了鲁迅的什么观点？

　　　（この小さな村は魯迅のどんな観点に符合しているのか。）

　答：❶ 越是民族的东西就越容易被世界认可。

　　　（民族的なものであればあるほど，たやすく世界に認められる。）

　　② 科学技术越发展，人们的生活越方便。

　　　（科学技術が発展すればするほど，人々の生活は便利になる。）

　　③ 民族个性代表了这个民族的文化价值。

　　　（民族の個性がその民族の文化的な価値を代表する。）

　　④ 古老的建筑物是人类社会文明的见证。

　　　（古い建築物は人類社会の文明の証拠である。）

　　9行目"鲁迅曾说过：越是民族的就越容易走向世界。就是说，越是民族的、有个性的，就越能为世人所称道。李家村很符合鲁迅所说的观点"（魯迅はかつて，民族的であればあるほど，世界に広がりやすいと言った。つまり，民族的で，個性的であればあるほど，世間の人に賞賛されるのだ。李家村は魯迅が言うところの観点に符合している）から，❶を選びます。

11 (5) 問：作者感到非常遗憾的是什么？

　　　（作者が非常に残念に感じているのは何か。）

　答：① 这个小镇至今未被开发，还很落后。

　　　（この小さな村がいまだに開発されておらず，とても立ち遅れていること。）

　　❷ 在中国很多"老"东西没有保护好。

　　　（中国ではたくさんの「古い」ものがちゃんと保護されていないこと。）

　　③ 我们尚未认识到亡羊补牢的重要性。

　　　（私たちがまだ事後の手当ての重要性に気づいていないこと。）

④ 小镇代表中华文化的责任过于重大。
（小さな村が中国文化を代表するという責任は重すぎること。）

> 14行目"遗憾的是，在我们这里，'文化上越老越好'在相当一段时间里被当作错误甚至反动观点，得不到认同。难怪我们的老城墙、四合院和古城镇都保不住"（残念ながら、私たちのところでは、「文化は古いほどよい」ということが相当長い間、誤りひいては反動的な見方とされ、認められなかった。私たちの古い城壁、四合院、古い町が永らえなかったのは無理もない）から、②を選びます。

 (6)〜(10)の中国語

20　　从前，某个小镇上有一家画店。一天，店里来了一位衣着讲究(jiǎngjiu)的客人，他相中(xiāngzhòng)了墙上挂着的一幅画儿，画面上画着一个人牵着一头驴(lǘ)在过一条小河。来客打算买下这幅画儿，经过讨价还价后，以二百两银子成交。客人先付了一百两银子作为定金，并告诉老板画儿一定不要卖给别人，剩下的银子，等来取画儿的时候交齐。 5

　　客人离开以后，老板高兴得简直有些忘乎所以了。想到一幅画儿竟然卖到二百两银子，这是开三年店也未必挣得到的大钱啊。他得意地哼(hēng)着小曲儿，端起了酒杯。

21　　两天后，那位客人带着银子如期而至。可是令老板做梦也没想到的是，客人对那幅画儿重新打量(dǎliang)了一番后，提出让老板将已经预付的一百 10
两银子退还给他，他不买那画了。老板一头雾水，百思不得其解，于是问客人："说得好好儿的，怎么说变卦(biànguà)就变卦了呢?" 客人说："画面上的人牵着驴子过河，虽然没有画出缰绳(jiāngsheng)，但仍然让人感受到牵驴人的力度。此处不落一笔，却蕴含(yùnhán)着无限的奥妙，可谓神来之笔。这么一幅好画儿，被你平白无故地给毁(huǐ)了。实在太可惜了！" 15

22　　听了客人的话，老板终于明白过来了，他长叹一声，懊悔得直跺脚(duòjiǎo)。原来，他昨天晚上再次细看这幅画儿的时候，忽然发现了画儿中的一处瑕疵(xiácī)——牵驴人的手中缺少一根缰绳。他不禁埋怨(mányuàn)起作画儿的人来，真是个马大哈。幸亏自己发现得及时，不然的话，被客人察觉到了，这笔生意就泡汤了。于是，画面上就多了一条缰绳。 20

相中：動 見て気に入る

134

忘乎所以：成有頂天になる。我を忘れる

哼小曲儿：鼻歌を歌う

打量：動〔人の服装や容貌について〕観察する。ここでは絵を対象としている

一头雾水：成全く分からない

百思不得其解：成繰り返し考えても理解できない。"百思不解"とも言う

变卦：動（多くけなす意味で）すでに決まっていたことを突然変える

不落一笔：一筆描かれていない "落"はこの場合「動描く。書く」

奥妙：形奥深く微妙である。ここでは名詞として用いられている

可谓：動言うことができる

神来之笔：成神の助けがあってできたような絶妙な文章や絵

平白无故：成何の理由もない。"平白"は"凭空"と同じ

直：副しきりに

跺脚：動足を踏み鳴らし，焦ったり，怒ったり，後悔したりする気持ちを表す

泡汤：動ふいになる

訳：昔，ある小さな村に一軒の画廊があった。ある日，店に一人の凝った身なりの客が来て，壁に掛けてあった一人の人がロバを引いて小川を渡っている一幅の絵が気に入った。客はこの絵を買うつもりで，値段交渉をした結果，銀200両で取り引きが成立した。客は先に100両を払って手付け金とし，主人に絵を絶対に他の人に売らないこと，残りの銀子は絵を取りに来たときに全部払うと言った。

客が帰った後，主人はうれしさのあまり有頂天になった。一幅の絵がなんと200両で売れるとは，これは店を3年間やってもかせげるとは限らない大金だと。主人は得意げに鼻歌を歌いながら，杯を挙げた。

二日後，その客は銀子を持って期限通りにやって来た。しかし主人が夢にも思わなかったことに，客はその絵をもう一度じっくり見た後，主人にすでに支払った100両の銀子を返すように言った。客はその絵を買わないことにしたのだ。主人はちんぷんかんぷん，いくら考えても分からなかったので，客に「ちゃんと約束していたのに，どうしてこうも簡単に心変わりしたのか。」と尋ねた。客は「絵の人物はロバを引いて川を渡るのだが，手綱は描かれていないのに，なおもロバを引いている人の力強さを感じさせる。ここのところに一筆がないから，むしろ無限の奥深さが含まれていて，絶妙だと言えたのだ。こんなにもよい絵がお前にわけもなくだめにされてしまうとは。実に惜しい！」と言った。

客の話を聞いて，主人はようやく分かってきた。主人は長いため息をつき，

じだんだを踏んで後悔した。というのは，主人は昨晩もう一度じっくりこの絵を見たときに，急に絵の中の小さな欠点，つまりロバを引いている人の手に手綱がないことに気づいたのだ。主人は絵を描いた人物をこの間抜けと恨まずにはいられなかった。幸い自分が間に合って見つけたが，でなければ客に見つけられて，この商売がふいになるところだったと。そこで，絵に手綱を一本描き足したのだった。

23 (6) 問：文中提到的客人是一个怎样的人？
　　　（文中で述べられている客はどんな人か。）
　　答：① 买东西不讲价的人。（買い物をするのに値段交渉をしない人。）
　　　　❷ 穿着非常考究 (kǎojiu) 的人。（着るものに非常に凝っている人。）
　　　　③ 说话不算话的人。（言ったことを実行しない人。）
　　　　④ 做事不认真的人。（物事をまじめにしない人。）

> 　1行目"店里来了一位衣着讲究的客人"（店に一人の凝った身なりの客が来て）から。②を選びます。①の"讲价"は問題文3行目"讨价还价"と，②の"穿着"は1行目"衣着"と，"考究"は1行目"讲究"と，それぞれ同じです。

24 (7) 問：画店的老板为什么会那么高兴？
　　　（画廊の主人はなぜそんなに喜んだのか。）
　　答：① 挂了三年的画儿终于卖出去了。
　　　　　（3年間掛けていた絵がついに売れたから。）
　　　　② 画店的老板梦到自己发大财了。
　　　　　（画廊の主人は自分が大もうけした夢を見たから。）
　　　　③ 老板发现了画儿上的一处错误。（主人は絵の誤りを発見したから。）
　　　　❹ 一幅画儿竟然能够卖很大一笔钱。
　　　　　（一枚の絵が意外にも高額で売れたから。）

> 　6行目"老板高兴得简直有些忘乎所以了。想到一幅画儿竟然卖到二百两银子，这是开三年店也未必挣得到的大钱啊"（主人はうれしさのあまり有頂天になった。一幅の絵がなんと200両で売れるとは，これは店を3年間やってもかせげるとは限らない大金だ）から，④を選びます。

25 (8) 問：客人为什么突然决定不买画儿了？

(客はなぜ急に絵を買わないことに決めたのか。)

答：① 客人忽然觉得被欺骗了。(客は急にだまされていると思ったから。)
　　② 老板提高了画儿的价钱。(主人が絵の値段をつり上げたから。)
　　❸ 老板将原来的画儿破坏了。(主人が元の絵をだめにしてしまったから。)
　　④ 客人没筹到(chóudào)足够的银子。
　　　(客が十分な銀子を工面できなかったから。)

> 12行目"怎么说变卦就变卦了呢?"(どうしてこうも簡単に心変わりしたのか)という主人の問いに対する15行目"这么一幅好画儿，被你平白无故地给毁了"(こんなにもよい絵がお前にわけもなくだめにされてしまうとは)という客の答えから，③を選びます。

26 (9) 問：面对客人的决定，老板的态度是什么？
　　(客の決定を前にした主人の態度はどうだったか。)

答：❶ 为自己的愚蠢(yúchǔn)而后悔。(自分の愚かさのために後悔した。)
　　② 表示完全不能够理解。(全く理解できないことを示した。)
　　③ 赔偿客人二百两银子。(客に200両の銀子を弁償した。)
　　④ 埋怨客人实在太小气(xiǎoqi)。
　　　(客が本当にとても了見が狭いことを恨んだ。)

> 16行目"听了客人的话，老板终于明白过来了，他长叹一声，懊悔得直跺脚"(客の話を聞いて，主人はようやく分かってきた。主人は長いため息をつき，じだんだを踏んで後悔した)から，①を選びます。"愚蠢"は形容詞ですが，ここでは名詞として用いられています。

27 (10) 問：作者通过这个故事告诉我们什么？
　　(作者はこの話から私たちに何を言いたいのか。)

答：① 无论做什么事情都必须追求十全十美的效果。
　　　(何事をするにしても完璧な結果を追求しなければならない。)
　　② 做生意的人应当信守承诺，绝不能出尔反尔。(商売人は承諾したことを忠実に守るべきで，決して約束を反故にしてはいけない。)
　　❸ 那些不懂装懂的人往往成事不足，败事有余。(知ったかぶりをする人は往々にして物事をぶち壊すばかりで，成功させる力がない。)
　　④ 发现并及时解决问题能收到亡羊补牢的效果。
　　　(気づいて適時問題を解決すれば事後の手当てをする効果を得られる。)

客が12行目"画面上的人牵着驴子过河，虽然没有画出缰绳，但仍然让人感受到牵驴人的力度。此处不落一笔，却蕴含着无限的奥妙，可谓神来之笔"（絵の人物はロバを引いて川を渡るのだが、手綱は描かれていないのに、なおもロバを引いている人の力強さを感じさせる。ここのところに一筆がないから、むしろ無限の奥深さが含まれていて、絶妙だと言えたのだ）と絵の価値を認めていたのに、主人は17行目"发现了画儿中的一处瑕疵——牵驴人的手中缺少一根缰绳。他不禁埋怨起作画儿的人来，真是个马大哈。幸亏自己发现得及时，不然的话，被客人察觉到了，这笔生意就泡汤了"（絵の中の小さな欠点、つまりロバを引いている人の手に手綱がないことに気づいたのだ。主人は絵を描いた人物をこの間抜けと恨まずにはいられなかった。幸い自分が間に合って見つけたが、でなければ客に見つけられて、この商売がふいになるところだった）と思い込み、"于是，画面上就多了一条缰绳"（そこで、絵に手綱を一本描き足した）と成立していた取り引きをぶち壊すことをしてしまったので、③を選びます。③の"成事不足，败事有余"は「國ぶち壊しさえすれ、成功させるには力が及ばない」。②の"出尔反尔"は、"尔"が"你"、"反"が"返"と同じで、「國自分で言ったことを勝手に取り消すこと」。

2 600字程度の文章を聞いた後、指定された5か所の文を漢字で書き取ります。全体の内容を理解しながら、正しく漢字で書く能力を問います。　（各10点）

37　中国那么大，黄帝陵却令人难以置信地小，其简朴也令人意外。山谷里，(1)松柏之中的黄帝陵，就这样突然呈现在我面前，让我微微一怔(zhèng)，继而深深感动。

　　坟丘小小的，随葬品也不过是几件农具和几个装满五谷的瓦罐。

38　那时候的黄河源远流长、水族兴旺(xīngwàng)，那时候的黄土地风调雨顺、物产丰饶(fēngráo)，那时候，(2)黄帝其实就是一个农耕部落的头领，率领他的部落成员日出而作，日落而息。辛苦了一辈子，死后往黄土里一埋，简约到《史记》中仅有六个字的记载："黄帝崩，葬桥山。"

　　每到粮食(liángshi)丰收的时节，(3)想念先帝的子民们就带上新麦做的馒头和新谷酿的米酒，来到桥山，祭拜一场，种下柏树。就这样，年复一年，日积月累(rìjī-yuèlěi)，人们竟把五千年的岁月种得郁郁葱葱。

39　从小小的黄帝陵上，既看不到虎视眈眈(hǔshì-dāndān)的威严，也看不

到雄踞 (xióngjù) 天下的霸气 (bàqi)；(4)既看不出故弄玄虚 (gùnòng-xuánxū) 的诡秘 (guǐmì)，也看不出劳民伤财的痕迹 (hénjì)。它是那么低调、收敛 (shōuliǎn)。然而它不会让你有小气和寒酸的感觉，相反，它让我们感受到的是亘古 (gèngǔ) 不变的肃穆和大气。(5)站在黄帝陵前，我们的心变得包容了、诚恳了、简约了，我们大彻大悟了。不一定要焚香 (fénxiāng)、跪拜，但我们必须得在心里真诚地说：我的先帝，我来看您了。

- 怔：動呆然とする
- 继而：接続いて
- 源远流长：水源が遠く流れが長い。「歴史が長い」という意味の成語として用いられる場合もある
- 风调雨顺：「（農作物の成長にとって）適時に風が吹き雨が降る」から「成気候が順調である」
- 日出而作, 日落而息：成日の出とともに起きて働き，日の入りとともに休む。"作"はここでは"起"と同じ
- 日积月累：成長い時間少しずつ積み重なる
- 郁郁葱葱：形（草木が）青々と茂っている
- 雄踞：動強力に占拠，統治する
- 故弄玄虚：成人をけむにまく手管を弄する
- 诡秘：形（行動や態度などが）隠されていて捉えられない。ここでは名詞として用いられている
- 劳民伤财：成人力と財力をむだにする
- 亘古：名いにしえ。古代
- 肃穆：形（表情や態度などが）厳かでもの静かである。ここでは名詞として用いられている
- 大气：形迫力が大きい。ここでは名詞として用いられている

訳：中国はこんなにも大きいのに，黄帝陵は信じられないほど小さく，質素なことも意外である。谷間の(1)松とコノテガシワの中の黄帝の陵墓は，このように突如として目の前に現れ，しばし呆然とさせられ，次いで深く感動させられる。

墳墓はとても小さく，副葬品もわずかにいくつかの農具と五穀が詰まった素焼きの壺にすぎない。

当時の黄河の水源は遠く流れが長く，水生動物が豊富で，当時の黄色い大地は気候が順調で，作物が豊かに実っており，当時，(2)黄帝は実のところ農耕集

落のリーダーに過ぎず，集落のメンバーを率いて日の出とともに働き，日の入りとともに休んだ。一生苦労し，死んだ後は黄色い大地に埋められ，『史記』ではわずか6文字の記載つまり「黄帝が崩じ，橋山に葬った。」しかない簡略さである。

　毎年収穫の季節になると，(3)先帝を慕う人々は新しい麦で作ったマントーと新しい穀物で作った酒を携えて，橋山に来て，祭礼を行い，コノテガシワの木を植えた。このようにして，一年また一年としだいに積み重なって，人々はついに5千年という歳月をかけて青々と茂らせた。

　とても小さな黄帝陵からは，虎視眈々とした威厳は見えないばかりか，天下を力で占領した覇気も見えない。(4)人をけむにまくずる賢い秘策は見えないばかりか，人力と財力を無駄にした跡形も見えない。墳墓はそれほど地味で，おとなしい。しかしながら墳墓はけち臭さやみすぼらしい感じを与えないばかりか，私たちに感じさせるのは，いにしえより変わらない厳かさ静かさと大きな迫力である。(5)黄帝陵の前に立つと，私たちの心は寛容，誠実，素朴なものに変わり，徹底的に悟るのだ。必ずしも焼香したり，ひざまずいて叩頭する必要はないが，私たちは心の中で真心を込めて「私の先帝，あなたに会いに来ましたよ。」と言うべきである。

㊵ (1) 松柏之中的黄帝陵，就这样突然呈现在我面前，让我微微一怔，继而深深感动。

㊶ (2) 黄帝其实就是一个农耕部落的头领，率领他的部落成员日出而作，日落而息。

㊷ (3) 想念先帝的子民们就带上新麦做的馒头和新谷酿的米酒，来到桥山，祭拜一场，种下柏树。

㊸ (4) 既看不出故弄玄虚的诡秘，也看不出劳民伤财的痕迹。它是那么低调、收敛。

㊹ (5) 站在黄帝陵前，我们的心变得包容了、诚恳了、简约了，我们大彻大悟了。

筆　記 （⇨問題123頁）

1　900字程度の文章を読み，流れをつかんで適当な語句を補う8問，正しいピンインを選ぶ1問，内容の理解を問う1問に答えます。語句の知識と読解力を問います。
(各2点)

解答：(1)❹　(2)❷　(3)❸　(4)❶　(5)❹　(6)❸　(7)❹　(8)❷　(9)❶　(10)❶

　　众所周知，警察的天职是打击犯罪、维护治安。然而，香港的警察不仅要 (1)除暴安良 ，还必须谨慎理财，也许你会认为这是一大奇闻。香港的《警察通例》中有一项规定：警务人员因理财不慎 (2)导致 财务困难，将被视为影响工作效率的要因，并将因此受到处分。按常理，个人理财与工作完全是两码事，风马牛不相及。现代管理大多崇尚以人为本，而这项规定却像是与人为敌。时下流行的"月光族"恐怕会说：我自己的劳动所得，只要不触犯法律，不违背公德，你管得着我怎么花吗？世界著名的自由港原来不自由，花自己的钱居然要受纪律的 (3)约束 ，这真有些不可思议。

　　其实，把个人的金钱与工作效率 (4)挂钩 并非港人首创。北宋的宰相(zǎixiàng)司马光就(5)秉持 bǐngchí 这一观点。因身居高位，司马光的府上自然是 (6)门庭若市 。司马光常会问前来求官者一个问题：你家有没有银子？被问者无不莫名其妙。在封建时代，知识分子认为谈论金钱是很丢人的事。于是，有人问司马光，为国家选拔人才当 (7)任人唯贤 ，你怎么总是问人家有没有银子呢？司马光解释道：如果一个人穷得连买米的钱都没有，作了官之后，手中的权力自然就成了饭碗，一旦原则和利益发生冲突，其人格和思想就很难保持独立。在司马光看来，一个人要保持人格独立和精神自由，至少应当具备最基本的经济能力。香港警方正是基于相同的认识，制定了要求警察谨慎理财这条看似奇怪的纪律。这样可以防止有人因缺钱而滥用权力，起到防患于未然的作用。换个角度来看，这也是对警察的一种 (8)呵护 。

　　也许有人不服气：我虽然人穷，但志却不短，古人可以"贫贱不能移"，凭什么怀疑我做不到？别忘了，数千年来，真正做到"贫贱不能移"的，可谓屈指可数、寥若晨星。退一步讲，即使你本人可以 (9)不为五斗米折腰 ，但当你的家人无米下锅、无钱买药，而你手中的权力恰恰能够换回家人的生命时，你将做何选择？古人云：仓廪(cānglǐn)实而知礼节，衣食足而知荣辱。

西方也有句谚语：口袋空空的人腰杆儿（yāogǎnr）挺不直。说的都是这个道理。25

在人们的习惯思维中，金钱似乎是万恶之源，其实金钱本身并无善恶之分。适量的金钱不仅能让你避免饥寒交迫，还可以有效地保证你人格的独立和精神的自由。

　　天职：名責務。職責。日本語の「その人の天性に最も合った職業」という意味
　　　　の「天職」とは異なる
　　两码事：別個の事。"两回事"と同じ
　　风马牛不相及：成互いに少しも関係がない
　　自由港：名自由港。関税制度上、港湾の全域または一定地域に限り、そこを通
　　　　過する輸入貨物に関税を課さず、自由な出入りを認める貿易港
　　首创：動創始する
　　府上：名家や原籍地。敬称
　　看似：動一見…のようだ
　　防患于未然：成事故や災害を未然に防止する。"防患未然"とも言う
　　屈指可数：「指を追って数えることができる」から「成数が少ない」
　　寥若晨星：「明け方の星のようにまばらである」から「成数が少ない」
　　仓廪实而知礼节，衣食足而知荣辱：衣食足りて礼節を知る。"仓廪"は「名穀物倉」。
　　　　もともと『管子』にある言葉

訳：ご存じの通り、警察の責務は犯罪に打撃を与え、治安を守ることです。しかしながら、香港の警察は暴力を取り除き、善良な市民を安心させるだけでなく、慎重に財産を管理しなければならないとしたら、珍しい話があるものだと思うかもしれません。香港の『警察官心得』には「警察要員は金銭管理の不注意により財務困難を招いたならば、仕事の効率に影響を及ぼす要因と見なされ、処分を受ける。」という規定があります。常識からすれば、個人の財産管理と仕事は別個の事で、全く関係はありません。現代における管理の多くは人間本位主義であるのに、この規定は人間を敵視しているようです。現在流行の「月光族（毎月収入を使い切ってしまう人々）」は、「自分の労働所得なのだから、法律に触れず、公徳に違反しなければ、どう使おうと知ったことか。」と恐らく言うことでしょう。世界的に有名な自由港が実は不自由で、自分のお金を使うのに規律の制約を受けなければならないとは、なんと不思議なことでしょうか。

　　実のところ、個人の金銭と仕事の効率を関連づけたのは香港人が最初ではありません。北宋の宰相であった司馬光もこのような見方をもっていたのでした。

身分が高いために，司馬光の家には自然と来訪者が門前市(もんぜんいち)をなすほどでした。司馬光はいつも官職を求めてやって来る者に，「家に銀子(ぎんす)はあるか。」と質問しました。尋ねられた者は誰もが不思議に思いました。封建時代には，知識人は金銭のことを話すのは恥ずかしいことと考えていました。そこで，ある人が司馬光に尋ねました「国のために人材を選ぶには，徳と才能だけを見て人を任用すればいいのに，なぜいつも人が銀子を持っているかどうかを尋ねるのか。」と。司馬光は「もし米さえも買えないような貧しい者が役人になったとしたら，掌中の権力は自ずと飯の種となり，いったん原則と利益の対立が起こったら，その人格と思想は独立を保つのが難しくなるからだ。」と説明しました。司馬光は，人が人格の独立と精神の自由を保つには，少なくとも最も基本的な経済力を持つべきだと考えたのでした。香港警察はまさに（司馬光と）同じ認識に基づき，警察官に慎重に財産を管理することを求める一見風変わりな規律を制定しましたが，そうすればお金に困って権力を乱用することを防ぎ，問題を未然に防止する作用を起こすことができます。角度を変えて見れば，これは警察官に対する一種の愛護でもあります。

　私は貧しいけれど，志には欠けていない，昔の人は「貧賤でも志を変えない」ことができたのに，何を根拠に私にはできないと疑うのかと不服な人もいるかもしれません。忘れてはいけません，何千年来，本当に「貧賤でも志を変えない」ことを成し遂げた者は，数えられるほどで稀にしかいません。一歩下がって，たとえ本人が「薄給のためにぺこぺこすることをしない」としても，あなたの家族が炊く米もなく，薬を買うお金もなく，掌中の権力がちょうど家族の命と取り替えることができるとき，どんな選択をするでしょうか。昔の人は「衣食足りて礼節を知る。」と言いました。西洋にも「ポケットが空の人は腰を真っ直ぐ伸ばせない。」ということわざがあります。言っているのはどちらもこの道理です。

　人々の習慣的な思考の中では，金銭はあらゆる罪悪の源のようですが，実際は金銭自身には善悪の区別はないのです。適量の金銭は，飢えと寒さを避けられるだけでなく，人格の独立と精神の自由を効果的に保証することができるのです。

(1) 空欄補充
　　香港的警察不仅要 ◯◯◯◯ （香港の警察は暴力を取り除き）
　　① 拔刀相助（威正義感に燃えて弱い者を助ける）

② 临阵磨枪（成 間際になってやっと準備をする）

③ 大义灭亲（成 正義のためには身内の情を顧みない）

❹ 除暴安良（成 暴力を取り除き，善良な市民を安心させる）

> 警察官にまず求められることとして④を選びます。

(2) 空欄補充

警务人员因理财不慎 ☐ 财务困难

（警察要員は金銭管理の不注意により財務困難を招いたならば）

① 导向（動 ある方向に向かわせる）

❷ 导致（動 〔よくない結果を〕招く）

③ 引导（動 案内する）

④ 诱导（動 教え導く）

> "财务困难"を目的語にとるものとして適当な②を選びます。

(3) 空欄補充

花自己的钱居然要受纪律的 ☐

（自分のお金を使うのに規律の制約を受けなければならない）

① 拘束（動 束縛する）

② 拘谨（形 〔言動が〕堅苦しい）

❸ 约束（動 制約する）

④ 约定（動 約束する）

> "受…的约束"で「…の制約を受ける」。"约束"はこの場合，名詞として用いられています。日本語の「約束する」は④の"约定"や"约"を用います。

(4) 空欄補充

把个人的金钱与工作效率 ☐ 并非港人首创

（個人の金銭と仕事の効率を関連づけたのは香港人が最初ではありません）

❶ 挂钩（動 関係をつける）

② 挂号（動 順番を定めて登録する）

③ 挂牌（動 開業する）

④ 挂彩（祝い事のときに赤い絹を掛けることから，「動 祝う」）

> "与"とともに用いるのに意味から適当な①を選びます。

(5) ピンイン表記

秉持

① píngchí
② bǐngzhí
③ píngzhí
❹ bǐngchí

「[動]もっている」という意味の書き言葉。

(6) 空欄補充

因身居高位，司马光的府上自然是 ☐ 。

(身分が高いために，司馬光の家には自然と来訪者が門前市をなすほどでした)

① 门可罗雀(「門前に網を張ってすずめを捕まえることができる」から「[成]来客が少なく，さびれている」)
② 门当户对
([成]結婚する男女の家の社会的地位と経済状況がつりあっている」)
❸ 门庭若市(「門前と庭が市場のようである」ことから「[成]来訪者が多く，にぎやかである。門前市をなす」)
④ 门户之见(「[成]学問や芸術等の領域で，派閥にとらわれた偏見」)

　"身居高位"(身分が高い)が原因になっていますので，そこから導き出される結果として適当な③を選びます。

(7) 空欄補充

为国家选拔人才当 ☐ ，你怎么总是问人家有没有银子呢？(国のために人材を選ぶには，徳と才能だけを見て人を任用すればいいのに，なぜいつも人が銀子を持っているかどうかを尋ねるのか)

① 唯利是图([成]利益を追求するだけで，他の事は構わない)
② 任人唯亲([成]人を任用するのに縁故だけを基準とする)
③ 唯命是从([成]言いなりになる)
❹ 任人唯贤
([成]人を任用するのに徳と才能を備えていることだけを基準とする)

　"当"は"应当"と同じ「[助動]…すべきである」なので，"国家选拔人才"(国のために人材を選ぶ)のに当然のことであり，後半"你怎么…呢?"でいぶかっている"问人家有没有银子"(家に銀子があるかどうかを尋ねる)

とは離れた意味になる④を選びます。②は④と反対の基準を示す言葉です。

(8) 空欄補充

这样可以防止有人因缺钱而滥用权力，起到防患于未然的作用。换个角度来看，这也是对警察的一种　　　（そうすればお金に困って権力を乱用することを防ぎ，問題を未然に防止する作用を起こすことができます。角度を変えて見れば，これは警察官に対する一種の愛護でもあります）

① 掩护（yǎnhù　動援護する。名遮蔽物。目隠し）

❷ 呵护（hēhù　動愛護する）

③ 爱戴（動敬愛して支持する）

④ 拥戴（動推戴する。長として仰ぐ）

"防止有人因缺钱而滥用权力，起到防患于未然的作用"（お金に困って権力を乱用することを防ぎ，問題を未然に防止する作用を起こす）ことが警察官に対してどういうものであるかを考え，意味から適当な②を選びます。"呵护"はここでは名詞として用いられています。

(9) 空欄補充

退一步讲，即使你本人可以　　　，但当你的家人无米下锅、无钱买药，而你手中的权力恰恰能够换回家人的生命时,你将做何选择？（一歩下がって，たとえ本人が「薄給のためにぺこぺこすることをしない」としても，あなたの家族が炊く米もなく，薬を買うお金もなく，掌中の権力がちょうど家族の命と取り替えることができるとき，どんな選択をするでしょうか）

❶ 不为五斗米折腰

（「5斗の米〔薄給〕のために腰をかがめる〔ぺこぺこする〕ことをしない」）

② 不看僧面看佛面（「坊主の顔は見ずとも，仏の顔は見る」から「諺当事者のメンツはともかく，その人の関係者で立てるべき人のメンツを立てる」）

③ 不见棺材（guāncai）不落泪（「棺桶を見ないうちは涙を流さない」から「諺徹底的に失敗するまでは後悔しない」）

④ 不识庐山真面目（「（廬山の中にいるので）廬山の真の姿は分からない」から「諺物事の真相と全貌を知るためには，狭い範囲を超え主観や先入観から抜けださなければならない」）

146

"退一步讲,即使…"（一歩下がって,たとえ…としても）と,20行目"我虽然人穷,但志却不短…"（私は貧しいけれど,志には欠けていない…）と主張する"你本人"（本人）に譲歩する仮定をしていますので,主張と合致する行動を表す意味から適当な①を選びます。

(10) 内容の一致
　❶ 人们普遍地认为，金钱是各种犯罪现象产生的主要原因。
　　（人々は誰も皆お金が様々な犯罪を起こす主要な原因だと考えている。）
　② 经济状况不好的官员比较容易丧失立场，沦为(lúnwéi)犯罪分子。
　　（経済状況がよくない役人は立場を忘れ，犯罪者となりやすい。）
　③ 以自由港闻名的香港其实并不自由，人们不能随心所欲地花钱。（自由港として有名な香港だが実はそれほど自由ではなく，人々は思いのままにお金を使うことができない。）
　④ 香港警方要求警察处理好个人财务的初衷是为了防止以权谋私。（香港警察が警察官にきちんと個人の財産を管理するように要求したそもそもの意図は，職権を利用して私益を図ることを防止するためである。）

　　本文では，一貫して財産と犯罪や不公正の関連性について述べられており，②③④は本文の内容に合っていると言えますが，①は合いません。

2　適当な語句を補います。読解力と語句の知識を問います。　　　　（各2点）

　解答：(1)❷　(2)❶　(3)❹　(4)❸　(5)❶　(6)❷　(7)❸　(8)❷　(9)❸　(10)❸

(1) 那个地区的局势持续紧张，导致国际铜矿石价格一路（　飙升　）。
　　（あの地域の情勢は緊張状態が続いていて，銅鉱石の国際価格の急騰を招いた。）
　① 擢升（zhuóshēng 動抜てきする。書き言葉）
　❷ 飙升（biāoshēng 動〔価格や数値などが〕急騰する）
　③ 晋升（jìnshēng 動昇進する）
　④ 超升（動極楽往生する。破格の昇進をする）

　　"一路"は「副ずっと」。"价格"について用いるのに意味から適当な②を選びます。

(2) 小孩子说话总是这样（　没分寸　），你别往心里去。（子供の物言いはいつもこんなふうに程度をわきまえないので，気にすることはない。）

147

❶ 没分寸（méi fēncun 程度をわきまえない）
② 没心思（méi xīnsi 興味がない。その気がない）
③ 没眼力（見る目がない）
④ 没脸面（メンツがない）

> "往心里去"は「気にする」。"说话"について用いるのに意味から適当な①を選びます。「物言いが程度をわきまえない」は「言い過ぎる」ということです。

(3) 他们始终坚持（ 与时俱进 ）、开拓创新的原则，不断研制出新产品。（彼らは一貫して時代と共に発展し，開拓創造するという原則を堅持し，絶えず新製品を開発している。）

① 与日俱增（咸日増しに増える）
② 好高骛远（hàogāo-wùyuǎn 咸高望みをする）
③ 墨守成规（咸古いしきたりに固執する）
❹ 与时俱进（咸時代の発展に伴い発展，前進し続ける）

> "不断研制出新产品"（絶えず新製品を開発している）ような人々がもちうる"原则"として，"开拓创新"（開拓創造する）とともにどんなものかを表すのに，意味から適当な④を選びます。

(4) 他这个人就是爱（ 摆谱儿 ），就两个人吃饭，竟点了一大桌子菜。（彼という人は見栄っ張りで，二人だけで食事をするのに，なんとテーブルいっぱいの料理を注文した。）

① 摆架子（慣威張る。もったいぶる）
② 摆擂台（bǎi lèitái 慣挑戦に応じたり，競争に参加してくることを歓迎する。"擂台"はもともと「名武術の試合をするための高い壇」）
❸ 摆谱儿（慣見栄を張る）
④ 摆龙门阵（慣物語を語ったり，長時間おしゃべりをする。"龙门阵"は「雑談する」という意味の方言）

> "爱"はここでは「動（多く話し手が好ましくないと考えることについて）よく…する。…しがちである」。"就两个人吃饭，竟点了一大桌子菜"（二人だけで食事をするのに，なんとテーブルいっぱいの料理を注文した）という行動はどのような性質の表れかを考え，意味から適当な③を選びます。

(5) 最近在歌坛非常（ 走红 ）的那个歌手，一年前还是个小学老师。(最近歌謡界で非常に人気のあるあの歌手は，一年前までは小学校の先生だった。)

① 走红（動人気が出る）
② 火红（形盛んである。活発である）
③ 蹿红（cuānhóng 動急に人気が出る）
④ 走火（動（銃が）暴発する。失火する。言葉が過ぎる。）

　　"歌手"のような人気商売の状況について用いる意味と，"非常"の修飾を受ける用法から適当な①を選びます。③"蹿红"は似た意味ですが，「急に」という意味を含むため"非常"の修飾を受けることはありません。

(6) 民主制度的建立需要一个循序渐进的过程，不可能（ 一蹴而就 ）。(民主制度の確立には順を追って進む過程が必要で，一挙にできあがるものではない。)

① 一触即发（弓が引き絞られていて，少しでも触れると放たれそうな様子から，「成一触即発である」）
❷ 一蹴而就
　（yícù-érjiù 成物事がたやすくでき，一気にやり遂げることができる）
③ 一如既往（成以前と全く同じである）
④ 一应俱全（yìyīng-jùquán 成すべてそろっている）

　　"循序渐进"は「成順を追って進む」。"不可能…"（…ということはありえない）の内容であることから，"循序渐进"と相反する意味になる②を選びます。"一蹴而就"は多く否定文で用いられます。

(7) 他们夫妇俩从来不在孩子或外人面前（ 拌嘴 ）。
　(あの夫婦二人はこれまで子供やよその人の前で口論をしたことがない。)

① 绕嘴（形言いにくい。舌がもつれる）
② 顶嘴（動口答えする）
❸ 拌嘴（動口論する）
④ 走嘴（動口をすべらす）

　　二人を主語とすることと文脈から適当な③を選びます。

(8) 作为一个业余作家，他取得了许多专业作家也难以（ 望其项背 ）的成就。
　(アマチュア作家として，彼は多くのプロ作家の追随も許さないほどの成功を

149

収めた。)
① 望洋兴叹（wàngyáng-xīngtàn 成自分の能力や条件の不足を嘆く）
❷ 望其项背
（「首の後ろや背中を見る」から「成追いついたり比べたりできる」）
③ 望眼欲穿（成待ち焦がれる）
④ 望而生畏（成見ただけで恐ろしくなる）

> プロ作家も得がたい"成就"とは何か考え，意味から適当な②を選びます。"望其项背"は多く否定文で用いられます。

(9) 我们可以反对他人的意见，但是不能（ 剥夺 ）他人发表意见的权力。（私たちは他人の意見に反対するのはかまわないが，他人が意見を発表する権限を奪うことはできない。)
① 篡夺（cuànduó 動篡奪する。帝位を奪い取る）
② 抢夺（qiǎngduó 動強い力で他人の物を奪い取ってくる）
❸ 剥夺（bōduó 動剥奪する。強制的に奪う）
④ 掠夺（lüèduó 動略奪する。収奪する）

> "权力"について用いるのに意味から適当な③を選びます。

(10) 最近很少能听到什么令人感到（ 欢欣鼓舞 ）的好消息。
（最近はめったに愉快で奮い立つようなよいニュースを聞けない。)
① 龙飞凤舞（成筆の勢いが伸び伸び生き生きとしている）
② 眉飞色舞（成喜び得意になっている）
❸ 欢欣鼓舞（成愉快で精神が奮い立つ）
④ 载歌载舞（「歌いながら踊る」から「成心ゆくまで楽しむ」。"载"は"又"と同じ意味の書き言葉）

> "好消息"について用いるのに意味から適当な③を選びます。

3 正しく解釈した文を選びます。語句や表現の意味についての知識を問います。
(各2点)

解答：(1)❶ (2)❸ (3)❷ (4)❹ (5)❶ (6)❷ (7)❷ (8)❶

(1) 我可不愿意管这种<u>八竿子打不着</u>的事儿，你还是找别人吧。（私はこういった全く無関係のことに関わりたくないので，やはり別の人にあたってください。)

❶ 比喻跟自己没有关系。(自分と関係のないことを例える。)
② 比喻花费时间和精力。(時間と精力を費やすことを例える。)
③ 比喻既费力又不讨好。(骨を折るだけでなく結果もよくないことを例える。)
④ 比喻很早以前发生过。(とっくの昔に起こったことを例える。)

  "八竿子打不着"は「慣関係が遠く，全く関連がない」なので，①を選びます。

(2) 因为第一次遇到这种情况，她有点儿慌了手脚。(初めてこのような状況に遭遇したので，彼女はちょっと慌ててまごまごしている。)
① 比喻行为非常大胆。(行動が非常に大胆なことを例える。)
② 比喻情绪特别激动。(気持ちがことのほか高ぶっていることを例える。)
❸ 比喻不知如何应对。
 (どのように対処すればよいか分からないことを例える。)
④ 比喻动作十分敏捷。(動作がとても敏しょうなことを例える。)

  "慌手脚"は，慌てふためくときの様から「慣慌ててどうしてよいか分からない」なので，③を選びます。"慌手慌脚"とも言います。

(3) 这种时候打退堂鼓是绝对不行的。
 (こんなときに途中でやめるなんて絶対にだめだ。)
① 比喻做事不留余地。(事を行うのに余地を残さないことを例える。)
❷ 比喻做事中途退缩。(事を行うのに途中で尻込みすることを例える。)
③ 比喻做事不计后果。(事を行うのに結果を考えないことを例える。)
④ 比喻做事没有计划。(事を行うのに計画性がないことを例える。)

  "退堂鼓"は「昔，官吏が退庁するときに鳴らした太鼓」，"打退堂鼓"で「慣途中で尻込みしたり考えを変える」なので，②を選びます。

(4) 这种风凉话我听得多了，早就习惯了。(この手の嫌みのある話を私はたくさん聞いているので，とっくに慣れっこになった。)
① 比喻没有事实根据的话。(事実や根拠のない話を例える。)
② 比喻没有实际意义的话。(実際的な意義のない話を例える。)
③ 比喻程式比较固定的话。(わりと型にはまった話を例える。)
❹ 比喻讽刺挖苦别人的话。
 (他人を風刺したり皮肉を言ったりする話を例える。)

151

"风凉话"は「名無責任な皮肉の意味をもつ冷たい言葉」なので，④を選びます。

(5) 他这个人不管做什么都丁是丁，卯(mǎo)是卯的。
　　(彼という人は何をするにも几帳面できっちりしている。)
　　❶ 比喻认真，毫不马虎。(まじめで，少しもいい加減にしないことを例える。)
　　② 比喻死板，不讲情面。(融通が利かず，情に左右されないことを例える。)
　　③ 比喻胆大，敢于承担。(大胆で，恐れずに責任を負うことを例える。)
　　④ 比喻手巧，模仿力强。(手先が器用で，まねる力が強いことを例える。)
　　　　"丁"は「名十干の4番目の『ひのと』」，"卯"は「名十二支の4番目の『う』」，"丁是丁，卯是卯"で「丁は丁，卯は卯（で，全く異なるもの）」から「慣物事に対し真剣で，少しもおろそかにしない」なので，①を選びます。

(6) 以前，相关的几个部门经常在这个问题上踢皮球。(以前，関係するいくつかの部署でしょっちゅうこの問題をたらい回しにしていた。)
　　① 比喻互相争抢，都想获得利益。
　　　(互いに奪い合い，みなが利益を得たがることを例える。)
　　❷ 比喻互相推诿，谁都不想负责。
　　　(互いに人のせいにして，だれも責任を負いたがらないことを例える。)
　　③ 比喻互相协助，共同取得成功。
　　　(互いに協力し，ともに成功を得ることを例える。)
　　④ 比喻互相欺骗，避免自己吃亏。
　　　(互いにだまし合い，自分が損することを避けようとすることを例える。)
　　　　"踢皮球"は「慣たらい回しにする。物事を行うのに互いに責任を押し付ける」なので，②を選びます。

(7) 我觉得你这样做太划不来了，你再想想吧。(あなたがそうするのは割に合わないと思います，もう一度考えてごらんなさい。)
　　① 表示不大方。(気前がよくないことや振る舞いが鷹揚(おうよう)でないことを表す。)
　　❷ 表示不值得。(それをする価値がないことを表す。)
　　③ 表示不对劲。(気に入らないことやうまくいっていないことを表す。)
　　④ 表示不应该。(そうすべきでないことを表す。)

　　　　"划不来"の"划"は「動値する」，"划不来"で「形引き合わない。そうする価値がない」なので，②を選びます。

(8) 他是一个遇到事儿就爱钻(zuān)牛角尖的人。
　　（彼は事にぶつかるといつまでもそれまでの考えに固執する人間だ。）
　　❶ 比喻固执己见，不知变通。（自分の意見に固執し，融通を利かすことを知らないことを例える。"固执己见"は成語。）
　　② 比喻只看眼前，不计后果。
　　　（目の前のことだけを見て，後の結果を考えないことを例える。）
　　③ 比喻针锋相对，不肯让步。（真っ向から対立して，譲ろうとしないことを例える。"针锋相对"は「針の先が向かい合う」から「成真っ向から対立する」）
　　④ 比喻争强好胜，不甘落后。（勝ち気で負けず嫌いで，人に引けを取りたくないことを例える。"争强好胜"は成語）
　　　　"钻牛角尖"は「牛の角の（とがった側ではなく）穴の空いた側から，（出口のないのに）入ろうとする」から「慣価値がないことや解決しようがない事にこだわる」という意味もありますが，「慣ある考えや見方に固執して，融通が利かない」という意味もあり，ここでは後者です。

4

600字前後の文章を読み，3か所の文を日本語に訳します。全体の内容を理解しながら日本語に翻訳する力を問います。　　　　　　　　（各8点）

　　如果你一直在仰视，就会觉得自己始终处于下方。如果你总是在俯视，就会觉得自己一直位于高端。如果你常觉得自己落后，那么你肯定是一直在前瞻(qiánzhān)。如果你老觉得自己领先，那么你肯定是一直在后顾。

　　(1)目光决定不了位置，但位置却永远因目光而不同。关键是即使我们处在一个固定的位置上，目光却依然可以投往任何一个方向。只要我们安于自己的位置，周围的一切就会以我们为中心。相反，如果我们始终感到没有一个合适的位置，那么周围的一切就都会变成主人，(2)我们得跑前跑后地侍候，我们得忽左忽右地奉承(fèngcheng)，我们得上蹿(cuān)下跳地迎合，我们得内揣(chuǎi)外度(duó)地恭维(gōngwei)。

　　伟大的人，总是位置在选择他；平庸的人才会东张西望地选择位置。其实位置本身并没有多大差别，但在不同位置上的人审视同一物体时却往往会

有不同的印象。当演员就要学会表演，做观众就要懂得欣赏，而我们恰恰既是演员又是观众。(3)作为父母，我们会对子女多一份爱心、耐心和永不熄灭的希望；作为子女，我们会对父母多一份真情、深情和永不消减的愧疚(kuìjiù)。只有处在别人的位置上时，才会理解别人的苦与乐。我们应当记住：无论何时都不要以自己的位置来炫耀(xuànyào)自己，同时也不要以他人的位置来贬低他人。处在什么位置，就在什么位置寻找意义。

前瞻：動 前方を眺める
恰恰：副 まさに。多く書き言葉で用いる
炫耀：動 ひけらかす

訳：もしあなたがずっと上ばかりを見ているなら、自分は終始下の方にいると感じるでしょう。もしいつも見下ろしてばかりなら、自分はずっとトップクラスにいると感じるでしょう。いつも自分が遅れをとっていると感じるならば、あなたはきっとずっと前方を眺めているのです。いつも自分がリードしていると感じるならば、あなたはきっとずっと振り返っているのです。

　(1)視線は位置を決定できませんが、位置は視線によって常に変わります。肝心な点はたとえ私たちが固定された位置にいたとしても、視線は依然としていかなる方向にも向けられるということです。私たちが自分の位置に満足さえすれば、周囲の全ては私たちを中心とするでしょう。逆に、私たちが終始適切な位置がないと感じるなら、周囲の全てが主人となってしまい、(2)私たちはあちこち奔走して仕え、いろんな人にこびへつらい、あちこちで人の気に入るようにし、いろんな方向から推し量ってお世辞を言わなければなりません。

　偉大な人は、いつも位置がその人を選び、凡庸な人こそがきょろきょろして位置を選ぶのです。実のところ位置自体には大きな差はありませんが、異なる位置にいる人が同じ物を仔細に観察するとき、往々にして違った印象を持つのです。役者を務めるなら演技をマスターしなければならない、観客となるならば鑑賞する目をもたなければなりませんが、私たちはまさに役者でもあれば観客でもあるのです。(3)親として、私たちは子供に格別の思いやり、辛抱強さ、いつまでも消えない希望があるはずです。また子供として、私たちは親に格別の真心、深い愛情、いつまでも消えない悔やみ恥じ入る思いがあるはずです。他人の位置に置かれてこそ、はじめて他人の苦しみや楽しみを理解できるのです。私たちはいかなるときも自分の位置をひけらかすことなく、また他人の位置でその人を卑しめてはいけません。どんな位置にあっても、その位置で意義を探すべきだということを覚えているべきです。

(1)〜(3)上記を参照。

> (2)の"忽左忽右"の"忽…忽〜"は「…と思えば，また〜になる」，"奉承"は「動こびへつらう」，"上蹿下跳"は「國（けなす意味で）あちこちで活動する」。"内揣外度"の"揣"と"度"はどちらも書き言葉で「動推し量る」，"揣度"という一語にもなります。"恭維"は「動お世辞を言う」。(3)の"多一份"は「一つの程度分多い」から「格別である」と訳せます。言外に「子供以外の人に対するのと比べて」「親以外の人に対するのと比べて」という意味をもつ比較文の述語のかたちです。
>
> 下線部を含め，この文章全体には"仰視"と"俯視"，"下方"と"高端"，"落后"と"領先"，"前瞻"と"后顾"，"伟大"と"平庸"，"苦"と"乐"，"炫耀"と"贬低"のような反対の意味をもつ語が多く含まれ，また"…前…后""…左…右""上…下…""内…外…""东…西…"のような，あらゆる方面を指す表現も多く含まれています。

5　100字程度の日本語の文章2題を中国語に訳します。会話，手紙，論説などの少しまとまった長さの文章を組み立てる能力を問います。　　（各10点）

(1) 現代人は情報をいかに集めるかに腐心せざるを得ない状況に置かれている。情報とは判断を下したり行動を起こしたりするために必要な，種々の媒体を介しての知識である。つまり，判断や行動を目的として求められる知識であり，無用の知識は情報とは言わない。

現代人正处于一种为如何搜集信息而不得不绞尽脑汁的状态之中。所谓信息就是在做出判断或付诸行动时所需要的、通过各种媒介所获取的知识。也就是说，是以判断和行动为目的所需要的知识，无用的知识不能称之为信息。

> "信息"について用いる「集める」は"搜集"を用います。「腐心する」は「（ある事を実現しようとして）心を痛め悩ます」という意味ですが，日本語の「脳みそを絞る」に似た"绞尽脑汁"で表すことができます。「…に置かれている」は"处于…之中"。"正"はなくてもかまいませんが，加えれば「（今まさに）…ている」という意味を強調できます。"一种"もなくてもかまいませんが，加えることができれば，より中国語らしくなります。「…とは」と定義する場合，"所谓"を用います。「行動を起こす」に用いている"付"は「動渡す。ゆだねる」，"诸"は書き言葉で

155

"之于"と同じ意味であり，またその二字が合わさった音を表しています。「行動を起こす」は"采取行动"でもかまいません。「種々の媒体を介しての知識」は「種々の媒介を介して得られる知識」なので，動詞"获取"を補って訳します。「つまり」は決まり文句"也就是说"。「…と言う」は書き言葉で"称之为…"，これを"不能"または"不可"で否定にします。「…とは言わない」を"不叫…"としてもかまいません。

(2) わたしはファイナンシャルプランナーとして家計相談を受けることがたびたびあるが，最近共働きの若い夫婦が増えてきたことを実感している。男女雇用機会均等法による女性の社会進出も一因ではあるが，長引く不況で若者世代の給料が伸び悩み，男性一人の収入ではゆとりのある生活をすることが難しいという背景もある。

作为理财规划师，我常常接受家庭理财的咨询。最近我发现双职工的年轻夫妻越来越多了。随着男女就业机会均等法制定，妇女走上社会是一个因素，而另一个背景是经济长期持续低迷，年轻一代的收入增长缓慢，只靠丈夫一个人的收入难以维持小康生活了。

「ファイナンシャルプランナー」は"理财规划师"，「…の相談を受ける」は，この場合，仕事としてなので"接受…的咨询"。「共働き」は"双职工"。"双职工的年轻夫妻越来越多了"の前に"来咨询的人中"を入れると，より明確になります。「男女雇用機会均等法」は"男女就业机会均等法"。「…も一因ではあるが」は"…是一个因素"のほか，"随着男女就业机会"の前に"因素之一是…"と入れる方法もあります。どちらの場合も，"因素"は"原因"としてもかまいません。「長引く不況」は「経済が長期に低迷し続けている」ことと，「給料が伸び悩む」は「給料の増加がゆっくりである」ことと解釈して訳します。「…世代」は"…一代"，「ゆとりのある生活」は"小康生活"。「…することが難しい」は"很难…"でもかまいません。「…という背景もある」は「もう一つの背景は…」と読み換えて訳すことにより，"背景"の連体修飾語が長くなって中国語らしくない文になることを避けられます。

中国語検定試験について

　一般財団法人 日本中国語検定協会が実施し，中国語運用能力を認定する試験です。受験資格の制限はありません。また，目や耳，肢体などが不自由な方には特別対応を講じます。中国語検定試験の概要は以下のとおりです。詳しくは後掲の日本中国語検定協会のホームページや，協会が発行する「受験案内」をご覧いただくか，協会に直接お問い合わせください。

認定基準と試験内容

準4級	**中国語学習の準備完了** 学習を進めていく上での基礎的知識を身につけていること。 (学習時間 60～120 時間。一般大学の第二外国語における第一年度前期修了，高等学校における第一年度通年履修，中国語専門学校・講習会などにおいて半年以上の学習程度。) 基礎単語約 500 語（簡体字を正しく書けること），ピンイン（表音ローマ字）の読み方と綴り方，単文の基本文型，簡単な日常挨拶語約 50～80。
4　級	**中国語の基礎をマスター** 平易な中国語を聞き，話すことができること。 (学習時間 120～200 時間。一般大学の第二外国語における第一年度履修程度。) 単語の意味，漢字のピンイン（表音ローマ字）への表記がえ，ピンインの漢字への表記がえ，常用語 500～1,000 による中国語単文の日本語訳と日本語の中国語訳。
3　級	**自力で応用力を養いうる能力の保証（一般的事項のマスター）** 基本的な文章を読み，書くことができること。 簡単な日常会話ができること。 (学習時間 200～300 時間。一般大学の第二外国語における第二年度履修程度。) 単語の意味，漢字のピンイン（表音ローマ字）への表記がえ，ピンインの漢字への表記がえ，常用語 1,000～2,000 による中国語複文の日本語訳と日本語の中国語訳。
2　級	**実務能力の基礎づくり完成の保証** 複文を含むやや高度の中国語の文章を読み，3級程度の文章を書くことができること。 日常的な話題での会話が行えること。 単語・熟語・慣用句の日本語訳・中国語訳，多音語・軽声の問題，語句の用法の誤り指摘，100～300 字程度の文章の日本語訳・中国語訳。

準1級	**実務に即従事しうる能力の保証（全般的事項のマスター）** 社会生活に必要な中国語を基本的に習得し，通常の文章の中国語訳・日本語訳，簡単な通訳ができること。 （一次）新聞・雑誌・文学作品・実用文などやや難度の高い文章の日本語訳・中国語訳。 （二次）簡単な日常会話と口頭での中文日訳及び日文中訳など。
1 級	**高いレベルで中国語を駆使しうる能力の保証** 高度な読解力・表現力を有し，複雑な中国語及び日本語（例えば挨拶・講演・会議・会談など）の翻訳・通訳ができること。 （一次）時事用語も含む難度の高い文章の日本語訳・中国語訳。熟語・慣用句などを含む総合問題。 （二次）日本語と中国語の逐次通訳。

日程と時間割

　準4級，4級，3級，2級及び準1級の一次試験は3月，6月，11月の第4日曜日の年3回，1級の一次試験は11月の第4日曜日の年1回実施されます。

　一次試験は次の時間割で行われ，午前の級と午後の級は併願ができます。

午　前			午　後		
級	集合時間	終了予定時間	級	集合時間	終了予定時間
準4級	10:00	11:15	4　級	13:30	15:25
3　級		11:55	2　級		15:45
準1級		12:15	1　級		15:45

　準1級と1級の二次試験は，一次試験合格者を対象に，一次が3月，6月の場合は5週間後，一次が11月の場合は1月の第2日曜日に行われます。（協会ホームページに日程掲載。）

受験会場

　全国主要都市に47か所，海外は北京，上海，大連，西安，広州，香港，台北，シンガポールの8か所が予定されています（2016年4月現在）。

　二次試験は，準1級が東京，大阪，仙台，名古屋，福岡と上海，1級が東京で行われます。ただし，準1級の仙台，名古屋，福岡は，受験者数が10名に満たない場合，上海は5名に満たない場合，東京または大阪を指定されること

があります。

受験申込

郵送かインターネットで申込ます。受験料は次のとおりです。

級	郵送による申込	インターネットによる申込
準4級	3,100 円	3,000 円
4 級	3,800 円	3,700 円
3 級	4,800 円	4,700 円
2 級	7,000 円	6,800 円
準1級	7,700 円	7,500 円
1 級	8,700 円	8,500 円

（2016年4月現在）

出題・解答の方式，配点，合格基準点

級	種類	方式	配点	合格基準点
準4級	リスニング	選択式	50点	60点
	筆記	選択式・記述式	50点	
4 級	リスニング	選択式	100点	60点
	筆記	選択式・記述式	100点	60点
3 級	リスニング	選択式	100点	65点
	筆記	選択式・記述式	100点	65点
2 級	リスニング	選択式	100点	70点
	筆記	選択式・記述式	100点	70点
準1級	リスニング	選択式・記述式	100点	75点
	筆記	選択式・記述式	100点	75点
1 級	リスニング	選択式・記述式	100点	85点
	筆記	選択式・記述式	100点	85点

・解答は，マークシートによる選択式及び一部記述式を取り入れています。また，録音によるリスニングを課し，特に準1級，1級にはリスニングによる書き取りを課しています。
・記述式の解答は，簡体字の使用を原則としますが，2級以上の級については特に指定された場合を除き，簡体字未習者の繁体字の使用は妨げません。但し，字体の混用は減点の対象となります。
・4級～1級は，リスニング・筆記ともに合格基準点に達していないと合格できません。
・準4級の合格基準点は，リスニング・筆記を合計した点数です。
・準4級は合格基準点に達していてもリスニング試験を受けていないと不合格となります。
・合格基準点は，難易度を考慮して調整されることがあります。

二次試験内容

　準1級は，面接委員との簡単な日常会話，口頭での中文日訳と日文中訳，指定されたテーマについての口述の3つの試験を行い，全体を通しての発音・イントネーション及び語彙・文法の運用能力の総合的な判定を行います。10～15分程度。合格基準点は75点／100点

　1級は，面接委員が読む中国語長文の日本語訳と，日本語長文の中国語訳の2つの試験を行います。20～30分程度。合格基準点は各85点／100点

一般財団法人 日本中国語検定協会
〒102-8218　東京都千代田区九段北1-6-4 日新ビル
Tel：０３－５２１１－５８８１
Fax：０３－５２１１－５８８２
ホームページ：http://www.chuken.gr.jp
E-mail：info@chuken.gr.jp

試験結果データ (2015年度実施分)

L：リスニング　W：筆記

第86回	準4級	4級 L／W	3級 L／W	2級 L／W	準1級 L／W	準1級二次 口試	1級一次 L／W	1級二次 口試1／口試2
合格基準点	60	60/60	65/65	70/70	75/75	75	—	—
平均点	73.5	68.5/67.2	68.4/65.2	72.1/57.9	67.4/69.8	89.8	—	—
志願者数	1,754	2,562	3,281	1,773	583	150*	—	—
受験者数	1,575	2,204	2,854	1,585	529	138	—	—
合格者数	1,291	1,281	1,255	317	148	129	—	—
合格率	82.0%	58.1%	44.0%	20.0%	28.0%	93.5%	—	—

＊一次試験免除者を含む。

第87回	準4級	4級 L／W	3級 L／W	2級 L／W	準1級一次 L／W	準1級二次 口試	1級一次 L／W	1級二次 口試1／口試2
合格基準点	60	60(55)/60(55)	65(60)/65	70/70(65)	75/75(70)	75	85/85	85/85
平均点	63.9	53.7/63.3	55.6/59.3	62.9/54.4	65.7/58.8	87.8	67.4/66.6	87.6/87.7
志願者数	4,026	3,882	4,172	2,365	721	111	364	16*
受験者数	3,713	3,354	3,647	2,133	662	99	336	15
合格者数	2,399	1,447	1,017	403	99	95	15	12
合格率	64.6%	43.1%	27.9%	18.9%	15.0%	96.0%	4.5%	80.0%

※　合格基準点欄（　）内の数字は，難易度を考慮して当該回のみ適用された基準点です。

第88回	準4級	4級 L／W	3級 L／W	2級 L／W	準1級一次 L／W	準1級二次 口試	1級一次 L／W	1級二次 口試1／口試2
合格基準点	60	60/60	65/65	70/70	75/75	75	—	—
平均点	72.6	62.9/70.4	66.6/61.7	62.6/60.0	64.6/63.3	91.5	—	—
志願者数	1,723	3,042	3,561	1,934	602	104*	—	—
受験者数	1,473	2,516	2,962	1,699	538	97	—	—
合格者数	1,169	1,383	1,072	333	98	96	—	—
合格率	79.4%	55.0%	36.2%	19.6%	18.2%	99.0%	—	—

カバーデザイン：トミタ制作室

CD-ROM 付

中検準1級・1級試験問題2016［第86・87・88回］解答と解説

2016年5月26日　初版印刷
2016年6月1日　初版発行

編　者　一般財団法人　日本中国語検定協会
発行者　佐藤康夫
発行所　白　帝　社

〒171-0014　東京都豊島区池袋 2-65-1
TEL 03-3986-3271　FAX 03-3986-3272
info@hakuteisha.co.jp　http://www.hakuteisha.co.jp/

印刷 倉敷印刷(株)／製本 若林製本所

Printed in Japan　〈検印省略〉　6914　　ISBN978-4-86398-217-8
Ⓒ 2016 一般財団法人　日本中国語検定協会
＊定価はカバーに表示してあります。

■中国語検定準1級・1級受験に役立つ白帝社の本■

＊価格は本体

精選 中国語成語辞典

上野恵司 著　A5変型判　274p.　2000円

現代中国語でよく使われる四字成語3363語を厳選。こなれた日本語と日本語の慣用表現による簡潔な解説。成語解釈の手掛かりとなる成語の構造を明示。筆画索引と，日本語の慣用表現からも引ける「日本語からの索引」付き。

カルタ式 中国語基礎成語260

芳沢ひろ子 著　張恢 画　A5判　224p.　1800円

植物，身体，色彩，数字などのジャンルごとに中国人が思い浮かべる現代の生活シーンを活写した絵とヒントを頼りにカルタをとるように考え，ドリルでトレーニング。中国人の発想を知りながら効率的に記憶する。

精選 中国語重要文例集 ［第2版］

上野恵司 編　A5変型判　136p.　CD1枚付　1800円

複文を中心に中国語の発想に沿った応用範囲の広い例文を18項目に分類。注釈ノートと日本語訳を付す。文法事項の整理，中文日訳・日文中訳の練習，聴き取りなど多角的に利用できる。

中国語40字で伝える日本

芳沢ひろ子・秦燕 著　A5判　200p.
シャドーイング用CD-ROM1枚付　2200円

歌舞伎からメタボまで，日本のもの・こと334項目の基礎知識を，美しくこなれた話し言葉で，成語やことわざも用い生き生きと表現。字数のリズムも考慮し聞いたときの伝わりやすさを追求。コラム，挿絵あり。通訳案内士の試験から実務にも役立つ。中国人読者には小型日本事典としても。

文法講義 ―朱徳熙教授の中国語文法要説―

朱徳熙 著　杉村博文・木村英樹 訳　A5判　330p.　3800円

北京大学における講義「現代中国語文法」の講義録を基に1981年に出版された《语法讲义》の全訳。構造言語学的手法によって中国語文法の枠組みを提示した中国語文法研究の基本的文献。訳注および事項索引を付す。

白帝社　Tel：03-3986-3271　E-mail：info@hakuteisha.co.jp

F 第　　回 準1級 解答用紙　　　　リスニング

G 第　　回 準1級 解答用紙　　　　筆記 1 2 3 4

受験番号
会場
氏名

記入例
良い例　悪い例
小さすぎたり，はみだしたり，うすすぎたりしないように。
マーク欄全体を塗りつぶしてください。

1
(1) 1 2 3 4
(2) 1 2 3 4
(3) 1 2 3 4
(4) 1 2 3 4
(5) 1 2 3 4
(6) 1 2 3 4
(7) 1 2 3 4
(8) 1 2 3 4
(9) 1 2 3 4
(10) 1 2 3 4

2
(1) 1 2 3 4
(2) 1 2 3 4
(3) 1 2 3 4
(4) 1 2 3 4
(5) 1 2 3 4
(6) 1 2 3 4
(7) 1 2 3 4
(8) 1 2 3 4
(9) 1 2 3 4
(10) 1 2 3 4

3
(1) 1 2 3 4
(2) 1 2 3 4
(3) 1 2 3 4
(4) 1 2 3 4
(5) 1 2 3 4
(6) 1 2 3 4
(7) 1 2 3 4
(8) 1 2 3 4

4
(1) ア　　　　イ

(2) a

b

c

点数

第　　回　1級　解答用紙　　　リスニング

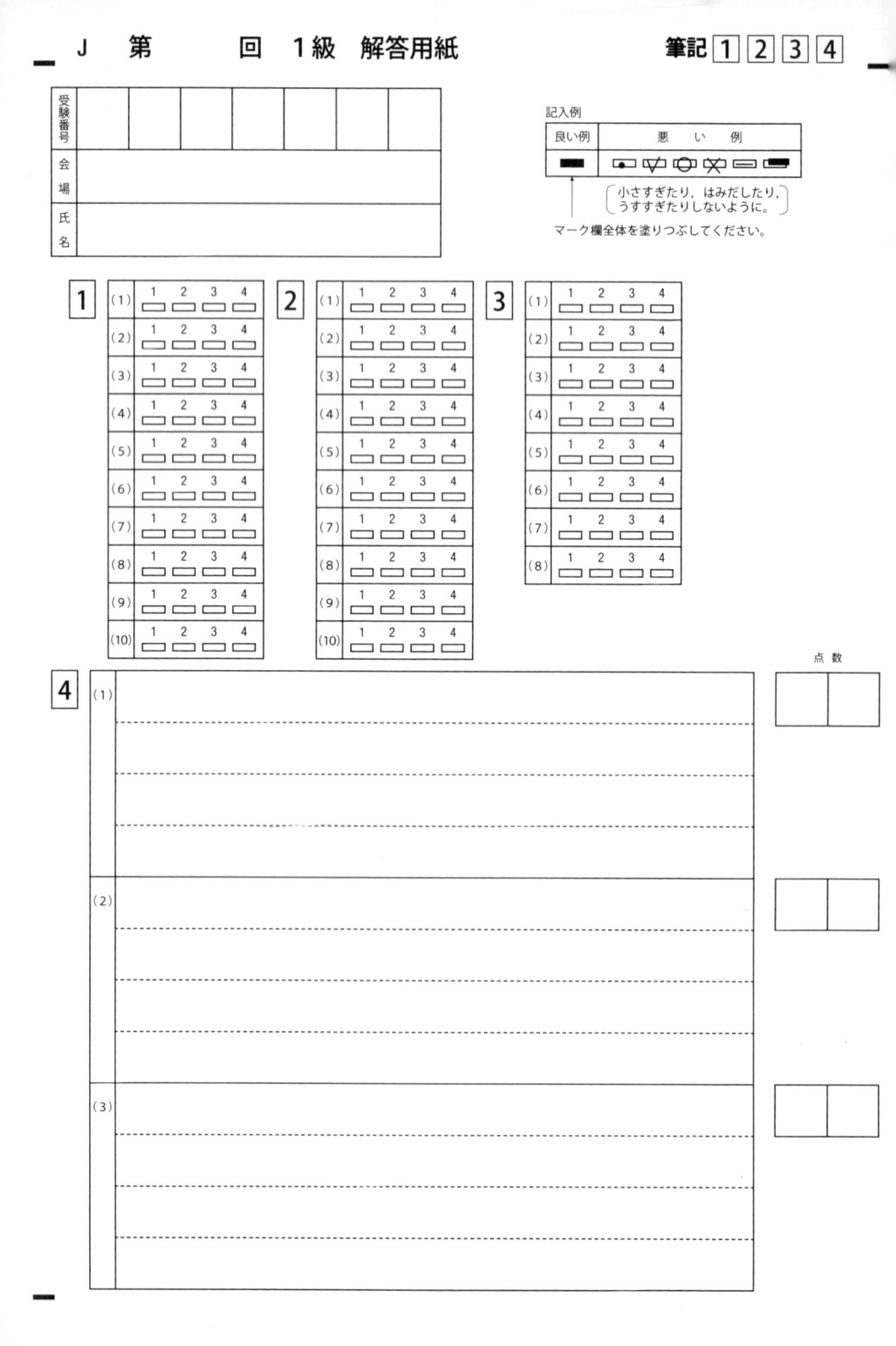

J 第　　回　1級　解答用紙　　　筆記 1 2 3 4

受験番号 ／ 会場 ／ 氏名

記入例：良い例 ／ 悪い例
マーク欄全体を塗りつぶしてください。小さすぎたり、はみだしたり、うすすぎたりしないように。

1
(1) 1 2 3 4
(2) 1 2 3 4
(3) 1 2 3 4
(4) 1 2 3 4
(5) 1 2 3 4
(6) 1 2 3 4
(7) 1 2 3 4
(8) 1 2 3 4
(9) 1 2 3 4
(10) 1 2 3 4

2
(1) 1 2 3 4
(2) 1 2 3 4
(3) 1 2 3 4
(4) 1 2 3 4
(5) 1 2 3 4
(6) 1 2 3 4
(7) 1 2 3 4
(8) 1 2 3 4
(9) 1 2 3 4
(10) 1 2 3 4

3
(1) 1 2 3 4
(2) 1 2 3 4
(3) 1 2 3 4
(4) 1 2 3 4
(5) 1 2 3 4
(6) 1 2 3 4
(7) 1 2 3 4
(8) 1 2 3 4

4
(1)

(2)

(3)

点数